그대
무엇을 위해
억척같이
살고 있는가
?

그대 무엇을 위해
억척같이 살고 있는가?

4월에서 8월까지 모든 진보에게 묻는다

제1판 제1쇄 발행일 2012년 8월 15일

글 | 손석춘
편집 | 책도둑(김민호, 박정훈, 박정식)
디자인 | 이안디자인
발행인 | 김은지
발행처 | 철수와영희
등록번호 | 제319-2002-42호
주소 | 서울 마포구 망원1동 386-2 양경회관 302-1호
전화 | (02)332-0815
팩스 | (02)6091-0815
전자우편 | chulsu815@hanmail.net

ISBN 978-89-93463-32-3 03300

철수와영희 출판사는 '어린이' 철수와 영희, '어른' 철수와 영희에게 도움 되는 책을 펴내기 위해 노력하고 있습니다.

4월에서

8월까지

모든 진보에게 묻는다

글 손석춘

그대 무엇을 위해 억척같이 살고 있는가?

철수와영희

머리말

4월에서 8월까지 모든 진보에게 묻는다

한국은 정의감이 넘치는 사회다. 그러나 정의는 메마른 나라다. 단순한 '언어유희'가 아니다. 찬찬히 돌아보면 그 역설을 쉽게 확인할 수 있다.

한국전쟁의 핏빛 계곡을 건너 1960년부터 스스로 '진보'를 자임한 세대, 정의감으로 불타오른 세대가 줄기차게 등장했다. 큰 줄기만 꼽아도 4월혁명 세대, 5월항쟁 세대, 6월항쟁과 7~8월 노동자대투쟁 세대, 8월 연세대항쟁(한총련) 세대가 있다. 4월에서 8월까지 달마다 역사적 사건을 품은 셈이다.

푸른 정의감도 세월의 이끼를 입었다. 이승만의 절대 권력을 무너뜨린 4월혁명 세대는 어느새 70대다. 총칼로 집권해 '총통'으로 군림하던 박정희와 맞서 민주주의를 부르짖은 젊은이들은 50대, 60대다. 5월항쟁 · 6월항쟁 · 7~8월 노동자대투쟁 세대는 40대, 1996년 8월 연세대 통일 집회에 나섰던 한총련 세대는 30대다.

더러는 몸으로 참여했고 더러는 마음으로 지지했지만 그들 모두의 꿈은 정의롭기에 깨끗했다. 권력과 자본의 세상을 넘어 진정한 민주주의와 통일이었다. 이 작은 책은 바로 그 20대 젊은이들, 하지만 2012년 지금은 이미 30대, 40대, 50대, 60대, 70대가 된 사람들, 다시 강조하거니와 정의롭던 꿈을 꾸던 모든 사람들과 가슴으로 나누고 싶은 이야기다.

깨끗한 꿈을 꾼 사람들에게 새삼 '목욕재계'의 성찰을 제안하는 까닭은 절실하다. 정의감 넘쳐온 사회 곳곳에 불의가 창궐하는 현실 때문이다. 진보가 모든 세대에 걸쳐 두 눈 버젓이 뜨고 있는데도 2012년 8월 현재 너도나도 진보의 죽음을 선고한다. 참으로 해괴하지 않은가.

이 책은 '진보'의 개념을 학문적으로 정의하는 데 목적이 있지 않다. 구체적으로 사람을, 젊은 시절 4월에서 8월까지 새로운 세상을 꿈꾸었던 그 모든 사람을 한마디로 '진보'라고 아울렀다. 그러니까 '진보'는 더 구체적으로 말하자면 지금 이 책을 읽고 있는 바로 당신과 젊은 시절 당신의 친구들이다.

현란하게 나부끼는 진보의 만장 아래서 나는 지금 울분을 삭이며 묻는다. 그 깨끗한 꿈, 무덤까지 가져갈 셈인가를. 정의롭던 그대, 진보에게.

2012년 8월 15일

손 석 춘

차례

1 진보에 돌 던질 자격

진보에 돌 던질 자격

그대 무엇을 위해 억척같이 살고 있는가?

대한민국 찬가를 부르는 사람들이 많다. 그 가운데는 4월혁명 세대도 있고 가까이는 한총련세대도 있다. 그들의 찬가는 사뭇 객관적 통계로 뒷받침된다. 헐벗고 굶주린 나라가 산업화에 성공했고 민주화도 이뤘으며 마침내 선진화에 이르고 있다는 논리다.
그래서일까. 진보[1] 일각에서도 마치 박정희를 비판만 하면 낡은 진보, '꼴통 진보' 따위로 매도하는 윤똑똑이들이 나타났다. 박정희가 이룬 경제성장을 인정해야 새로운 진보이고 수구좌파가 아니라는 논리는 사뭇 학문의 옷까지 걸치고 등장했다.

박정희가 일본제국주의에 혈서를 써가며 충성을 맹세할 만큼 출세를 위해서라면 민족을 배신하길 서슴지 않았다는 사실도, 쿠데타 직후 〈민족일보〉 발행인 처형을 비롯해 인혁당 재건위 사건으로 숱

1 이 책에서 '진보'라고 쓸 때는 대부분 머리말의 정의에 따라 '진보적인 사람들'을 뜻한다. 4월에서 5월, 6월을 거쳐 7월, 8월에 이르는 운동에 몸으로 참여했거나 마음으로 지지한 모든 사람이다. 그 맥락에서 '진보정치 세력'은 진보 가운데 정치 세력화에 나서 활동하는 사람들이다.

한 민주 인사들의 생명을 앗아간 살인범이었다는 사실도, 민주공화국 헌법을 유린하고 사실상 총통으로 군림하며 정수장학회니 육영재단, 영남대 재단 따위로 다른 사람 재산을 빼앗거나 축적한 사실도, 국가 정보기관인 중앙정보부에 '채홍사'를 둘 만큼 주색잡기에 빠져 있었다는 증언도 죄다 중요하지 않다. 경제성장만 보더라도 박정희 이전에 4월혁명으로 들어선 민주당 정권이 이미 경제개발 계획을 세우고 있었으며, 쿠데타 직전에 미국은 '남한의 고속 경제성장'을 적극 지원할 계획을 세웠다는 역사적 사실에 주목할 필요가 있다.

딴은 4월혁명으로 쫓겨난 이승만조차 '국부'로 우상화되고 5월의 광주를 피로 물들인 학살범 전두환이 여전히 '근엄'한 얼굴로 육군사관학교 생도들의 사열까지 받고 있다. 혁명과 항쟁의 당사자와 유가족들이 살아 있는데도 그렇다.

민주주의를 유린한 독재권력에 대한 그 추악한 미화를 주도하는 자들이 바로 진실을 생명으로 삼아야 할 언론이라는 사실에 대한민국의 비극이 있다. 〈조선일보〉가 뜬금없이 '20-50클럽'에 대한민국이 들어섰다며 대대적으로 보도하고 이어 대통령 이명박을 비롯해 정치, 경제, 학계의 엘리트들이 악머구리 끓듯 '세계 7대 강국'의 찬가를 부르대던 2012년 6월 바로 그 시점에 수도권에서 어느 60

대 부부는 조용히 이 나라를 떠났다.

"그동안 무엇을 위해 억척같이 살아왔는지 모르겠다."

생활고로 부부가 자살하며 남긴 유서의 첫 문장이다.

69살, 68살의 두 나이 든 남녀는 그들이 살던 달동네에서 '잉꼬부부'로 소문났다. 월세방에서 15만 900원의 노인수당으로 힘겹게 살았지만 집을 나서 시장에 갈 때면 언제나 손을 잡고 다녔단다. 이웃 주민들에게 텃밭에서 기른 채소를 나눠주는 인정도 넘쳤다. 유서 첫 문장 다음 줄에서 "이제 그만 죽고 싶다"고 밝힌 노부부는 자신들의 시신을 대학병원에 기증했다. 하지만 부패된 채 발견되어 그 소망마저 이루지 못했다. 부검하지 말라고 유서에서 당부했음에도 경찰은 사인을 확인하겠다며 끝내 칼을 들이댔다.

비단 그 노부부만이 아니다. 대한민국 사회의 피라미드 계층 구조에서 제일 아래에 놓여 있는 사람들만도 아니다. 비극은 피라미드 꼭대기에 있는 사람들 사이에서도 일어난다. 가령 대한민국의 '대표 브랜드'로 자타가 공인하는 삼성전자의 부사장을 보라. 2010년 1월 자신이 살고 있는 서울 강남구 삼성동의 고급 아파트에서 투신자살했다. 서울대 전자공학과를 졸업하고 한국과학기술원(KAIST) 석사, 미국 스탠퍼드대 박사를 거쳐 일본 통신업체인 NTT에서 근무 중에 삼성전자로 영입된 그는 삼성전자 최고의 명예직인 '삼성펠로'

에 선정됐고 스톡옵션으로 받은 주식이 이미 70억 원에, 연봉은 10억 원이 넘었다. 그가 '업무 과중'이나 '인사상의 불안'으로 자살을 했다.

물론, 한국을 지배하는 정치권력, 경제권력(자본), 언론권력의 3각 동맹(정·경·언)은 모든 걸 예외적 현상으로 돌리길 서슴지 않는다. 아예 보도하지 않거나 축소한다.

하지만 철의 3각 동맹이 침묵한다고 실체가 사라지는 것은 결코 아니다. 3각 동맹의 이익을 충실하게 대변하며 부유층의 세금을 깎아주고 텔레비전 종합편성채널을 여기저기 선물한 대통령 이명박은 강원도 평창이 2018년 동계올림픽을 유치하자 "대한민국이 대단한 나라라는 것을 다시 한 번 생각하게 된다"고 기록에 남겼다. 청와대는 대통령의 그 감탄을 페이스북, 트위터와 같은 소셜네트워크를 통해 곳곳에 퍼트렸다.

하지만 〈뉴욕타임스〉 인터넷판은 이 대통령이 대한민국을 "대단한 나라"라고 추어올린 바로 그날(2011년 7월 7일), 한국인들 대다수가 신경쇠약에 걸리기 직전이라고 큼직하게 보도했다. 신문은 한국인들이 신경쇠약에 걸린 까닭을 "과중한 업무와 스트레스, 불안"으로 분석하고 근거도 또렷하게 제시했다. 이혼율이 가파르게 치솟고 10대 학생들은 질식할 정도의 학업 부담에 시달리고 있으며 자살률

세계 최고에 "거친 직장 문화는 퇴근 후 필름이 끊길 정도의 술자리를 유도하고 있다"고 보도했다. 요컨대 그들이 보기에 한국은 정신병에 걸린 사람들의 나라, 한마디로 '정신병동'이다.

틈날 때마다 미국을 신성시하는 보도와 논평을 무람없이 내보내는 한국의 언론권력들은 〈뉴욕타임스〉의 그 기사를 외면했다. 그런 기사를 자신들이 쓰지 못한 사실에 부끄러움을 느껴야 마땅함에도 성찰의 모습은 전혀 보이지 않았다.

민망하지만 나는 〈한겨레〉에 몸담고 있을 때 대한민국이 민주공화국인가를 끊임없이 물었다. 때로는 '동물의 왕국' 제목으로 칼럼을 쓰기도 했다. 극심한 생존경쟁의 굴레에 유치원생부터 70대 이상까지 국민 대다수가 얽매여 있는 나라, 그 나라는 민주공화국이 아니라 '동물의 왕국'에 가깝기 때문이다.

바로 그래서다. 4월에서 8월까지 모든 진보에 충정으로 고한다. 객관적 현실은 진보정치 세력이 집권하기에 가장 좋은 토양이다. 비정규직이 절반을 넘고 부익부 빈익빈이 갈수록 커져가고 있다.

그런데 국회에서 진보정치 세력은 늘 소수였고 지금도 그렇다. 물론, 2004년 17대 국회에선 5·16쿠데타 뒤 처음으로 민주노동당이 국회에 10명 진출했다. 하지만 2008년 총선을 앞두고 당이 쪼개져 지지율은 물론 그나마 의석수가 반 토막 났다. 2012년 총선을 앞두고는 민주노동당 당권파가 주도해 국민참여당과 통합까지 했지만 공언했던 원내 교섭단체(20석) 확보에 실패했다. 게다가 총선 뒤 비례대표 후보 선출 과정에서 드러난 부정–부실 선거 의혹으로 통합진보당은 치명적 타격을 받으며 한낱 조롱의 대상으로 전락했다.

문제를 간추리면 진보가 집권할 객관적 조건은 무르익었는데 주체적 조건은 전혀 준비가 없다고 정리할 수 있다. 그 맥락에서 진지하게 물어야 마땅하다. 오늘 진보의 초라한 몰골은 과연 누구 책임인가?

젊은 시절 민주주의와 통일의 꿈을 지녔던 진보, 그 가운데 지금은 60대 이상이 회원들인 '새날희망연대'가 2011년 4월에 연 강연회 자리에서 나온 실화를 30, 40, 50대와 나누고 싶다. 일흔아홉 살의 민족문제연구소 회원이라고 자신을 소개한 참석자는 '대한민국어버이연합'이 여러 현장에서 수구적 작태를 일삼는다고 비판한 뒤 "이제 우리도 행동에 나서자"고 강조했다. 그는 이어 "어버이연합은 일당 받고 나오지만 우리는 일당 받을 곳이 없다. 하지만 우리가 잘못 살아온 걸 반성하자는 뜻에서 일당 없이 나오자"고 호소했다.

민주주의가 후퇴하고 남북관계가 악화하는 상황을 두고 60대 이상의 진보가 모여 "우리가 잘못 살아온 걸 반성하자"는 토론은 가슴 싸한 경험이었다. 그는 이어 "행동하지 않으면 무슨 소용이 있는가"

라고 물은 뒤 “우리 이제 인생이 얼마 남지 않았다. 지금 남은 것은 눈칫밥과 경험”인데 마지막 힘을 모아 행동에 나서자고 거듭 제안했다.

어떤가. “잘못 살아왔다”는 일흔아홉 살 국민의 행동하자는 호소는 과연 60대 이상만의 성찰이어야 할까? 자유와 평등, 정의가 넘실대는 새로운 세상을 꿈꾸었던 모든 진보, 특히 30대·40대·50대가 닥쳐올 60대가 되기 전에 성찰해야 할 문제 아닐까?

과연 그 진보 가운데 죽음 앞에서 “그동안 무엇을 위해 억척같이 살아왔는지 모르겠다”며 후회하지 않을 사람은 얼마나 될까. 이미 그들 세대에서도 삶을 후회하는 조짐은 나타나고 있다.

가령 유신체제가 선포되던 해에 대학에 들어가 학생운동을 치열하게 했고 그 뒤 전문 직종에서 명성을 얻으며 꾸준히 시민사회운동에 참여해온 60대는 어느 날 술자리에서 나에게 “우리는 지지 않았느냐, 솔직해지자. 우리가 만들려고 하는 세상을 못 만들지 않았느냐”라면서 눈물을 뚝뚝 흘렸다.

흔히 386세대로 불려온 40대들도 삶이 헛헛하기는 마찬가지다. 이 책을 쓰면서 만난 한 386은 “세상에 대해 심드렁해진 이유가 뭔가를 생각해보면 우리가 시원하게 이겼던 적이 없었기 때문인 것 같다. 노무현을 대통령으로 만들고 참여정부를 세운 것을 승리라고 볼 수 있을까? 나는 회의적이다. 결국 정권을 빼앗겼다. 우리는 졌다. 지는 데 익숙하고 이긴 경험이 없다 보니까 스스로 위축될 수밖에 없다. 게다가 지금은 80년대처럼 우리를 움직일 강한 계기라든지 동력 같은 게 없다. 외려 우리 편이라고 여겼던, 상식을 함께한다고 생각했던 사람들끼리도 하나 되지 못하는 모습을 보고 있다. 이 땅에서 개인으로서 내가 대체 무엇을 할 수 있을까 싶다. 계속해서 회의만 든다"라고 털어놓았다. 이런 이야기는 비단 그 사람의 생각만이 아니다. 학생운동에 열정을 쏟았던 다른 40대도 "열정이 예전만 못하다. 함께 운동했던 친구들과는 각자 떨어져서 살고 간혹 몇 년 만에 만나더라도 다들 무력하다는 말을 한다"며 "현실에서 발이 30센티 정도 떠 있는 것 같다. 못 내려오겠다"고 한다.

그래서다. 쓸쓸하게 세상을 뜬 무명의 노부부가 남긴 질문을 정의롭던 모든 진보에게 꼭꼭 눌러 다시 전한다.

"그대, 지금 무엇을 위해 억척같이 살고 있는가?"

그 물음에 우리가 답하려면 현실을 정확히 파악할 필요가 있다. 우리 삶을 구체적으로 짚어보자. 2012년 4월 총선이 끝난 뒤에 느닷없이 언론권력은 한 20대 여성을 '돌직구녀'로 집중 부각했다.

돌직구. 프로야구 열기 속에 나온 신조어다. 돌처럼 강하고 그만큼 위력적인 직구를 이른다. 4월 총선 뒤 당사자가 부담스러울 만큼 언론계와 정계 안팎에 회자된 '돌직구녀'는 대한민국의 오늘을 상징적으로 드러내주는 '기호'다.

'돌직구' 던진 젊은 여성 노동자

조중동 틀(프레임). 그 말의 의미를 새삼 설명할 필요는 없을 터다. 이미 인터넷에 '조중동 프레임'이란 말은 차고 넘친다. 문제는 지금 이 순간도 〈조선일보〉, 〈중앙일보〉, 〈동아일보〉를 진지하고 소중하게 읽어가는 사람들이 적지 않은 데 있다. 그들에게 '조중동 틀'이라는 말은 여전히 낯설거나 반발 일으키기 십상이다.

기실 그들의 반발감은 '조중동 프레임'을 남용하는 사람들로 인해 더 확고해지기도 했다. 자신의 잘못을 생뚱맞게 조중동 탓으로 돌리는 사람들을 우리는 적잖게 목격해왔다. 그런 지식인, 또는 정치인들 때문에 조중동 비판이 신선도를 잃은 것도 사실이다.

하지만 그런 사람들이 있다고 해서 '조중동 틀'은 이제 낡은 개념이라고 단언하는 것은 성급한 판단이다. '조중동 틀'은 그 신문을 애독하는 독자들뿐만 아니라 때로는 진보세력 전반에 큰 영향을 끼칠 만큼 강력하다. 2012년 4월 총선을 앞뒤로 해서 조중동이 통합진보당에 대한 색깔 보도와 논평으로 지면을 채운 것이 그 생생한 보기다. 비례대표 후보 선거를 둘러싼 갈등이 당 밖으로 불거지면서 수구-보수세력이나 언론권력은 물론, 진보적 언론과, 지식인들까지 앞을 다투어 '진보의 죽음'을 선언하고 곡을 했다.

물론, 그들은 자신들의 비판을 조중동 틀로 설명하는 분석에 발끈할 수 있다. 또 '조중동 탓'이냐고 되레 도끼눈 뜨는 사람도 있었다. 이해할 수 있다. 같은 대상을 겨눈 비판이지만 조중동과 다른 차원이 분명히 있어서다. 문제는 다름 못지않게 닮은꼴도 명확하게 나타나는 데 있다.

이른바 종북의 문제가 그렇다. 수구-보수세력이 진보정치 세력의 죽음을 부르댄 가장 큰 이유가 '종북'이었다. 통합진보당을 겨냥한 종북의 혐의는 비단 이른바 '당권파'만 겨냥한 게 아니다. 민주노동당을 구성했던 모든 정파로 확대됐다. 진보 논객으로 불리는 지식인들도 종북의 혐의를 서슴지 않고 들이댔다. 공영방송 텔레비전에 함께 토론을 하기 위해 출연한 통합진보당의 국회의원 당선자에게 종북 혐의를 검증하겠다고 나서기도 했다.

여기에는 세 가지 검증 잣대가 있다. "북핵과 인권, 3대 세습"이 그것이다. 공직에 나섰다면 그것을 찬성하느냐 반대하느냐 분명하게 밝히라고 다그친다. 선뜻 '반대'를 이야기하지 않으면 가차없이 '종북'이라는 딱지를 붙인다.

과연 그래도 좋은가? 이 책에서 곧 자세히 살펴보겠지만 그것을 공직자 검증의 잣대로 들이대며 간명하게 답하라는 것, 바로 그것이 전형적인 '조중동 틀'이다. 세 신문이 텔레비전 토론에서 자신들의 틀과 가장 일치한 20대 '시민 논객'을 '돌직구녀'로 당사자의 실체와 무관하게 마구 칭찬하고 나선 이유이다.

문화방송의 시사토론 프로그램 〈100분 토론〉(2012년 5월 22일)에서 시민 논객으로 나선 젊은 여성은 통합진보당 이상규 당선자에게 "북한 인권이나 북핵, 3대 세습에 대해 어떻게 생각하느냐"고 질문했고, 이 당선자는 "이런 질문은 사상 검증이며 양심의 자유를 옥죄는 것이기 때문에 문제가 있다"고 답변을 피했다.

그러자 그 여성은 "말 돌리지 말고 정확한 입장을 밝혀달라"고 '압박'했고 언론권력들은 다음날 인터넷에서 올라온 댓글을 인용해 '돌직구녀'라는 기호를 써서 대대적으로 보도했다.

보도에 따르면, 질문을 한 여성은 "나는 사상이 있는 사람이 아니라 평범한 시민으로서 평범한 질문을 했을 뿐"이라며 "나는 진보도 아니고, 보수도 아니다. 국민으로서 이런 사회 문제에 관심을 갖는 것은 당연한 것 아니냐"고 말했단다. 자신은 "평범한 질문을 했을 뿐인데, 뜨거운 관심을 얻고 있어 당황한 것 같다"는 지인의 말도 보도됐다.

주목할 것은 그가 대학을 나온 '평범한 직장인'이라는 언론권력의 설명이다. 결국 '돌직구녀'를 통해 수구-보수세력은 그 질문을 '평범한 시민'의 상식으로 보편화하는 데 성공했다.

여기서 문제의 핵심은 그들이 '종북세력'이라며 검증하고 비난하는 바로 그 사람들이 지금 이 땅에서 고통받는 사람들의 권익을 가장 치열하게 대변해왔다는 데 있다.

물론, 그들만 대변해왔다고 말한다면 옳지 않을 터다. 하지만 그들을 겨누며 종북을 들먹이는 사람들, 특히 글과 말로 먹고사는 언론인이나 대학교수를 비롯한 먹물들에 견주어 적어도 그들은 온몸으로, 고통받는 사람들이 일하는 현장에서 헌신적으로 살아왔다.

증거가 있다. 통합진보당을 '종북'으로 몰아치는 사람들을 대변해온 한 신문의 정치면에 "알고 보니 '옛 민노당 베끼기'" 제목 아래 실린 기사는 새누리당으로 당명을 바꾼 한나라당과 민주당이 민주노동당의 정책들을 베끼고 있다며 개탄하는 내용을 담고 있다.[2]

기사가 입증해주듯이 민주통합당은 물론 새누리당이 선거 공약으로 내건 '민생 정책'들을 오래전부터 꾸준하게 약속해온 정당이 민주노동당이다. 지금은 많은 사람들에게 알려진 무상급식만 하더라도 학교급식 전국네트워크가 2002년 4월에 창립해 끊임없이 열정을 쏟아온 결과다. 그 과정에서 기존의 정치 세력이나 조중동은 물론, 진보언론도 무상급식을 의제로 설정하는 데 인색하거나 소홀했다.

2 기사 전문: 한나라당과 민주당의 '좌 클릭' 경쟁이 가속화하고 있다. 양당은 과거 민주노동당이 추진하고 자신들이 반대했던 정책들도 최근에는 적극적으로 추진하는 모습을 보이고 있다. 한나라당이 추진 의사를 밝히고 있는 비정규직 임금 차별 해소는 과거 민노당의 핵심 정책이었다. 2004년 당시 민노당 의원 10명과 여야 의원 6명은 근로기간 및 근로시간 등의 이유로 차별을 금지하고 '동일노동 동일임금' 원칙을 적용하는 근로기준법 개정안을 발의했었다. 당시 한나라당과 민주당의 전신인 열린우리당은 "기업 부담 등을 고려했을 때 현실적 임금 차별을 허용할 수밖에 없다"며 이 법안에 반대했었다. 민주당이 비정규직 대책의 일환으로 제시한 비정규직 노동자 사용 사유 제한도 한나라당과 열린우리당이 반대했던 것이다. 2006년 비정규직 보호를 위한 관련법 개정 당시 민노당이 사용 사유 제한을 강하게 주장했지만 여당이었던 열린우리당은 민노당 의원들과 몸싸움까지 벌이면서 비정규직 채용 2년 후 정규직 전환을 골

통합진보당의 '종북'을 비판하며 이념을 떠나 생활 정치를 하라고 사뭇 근엄하게 훈수하는 자·타칭 '진보 논객'들이 많지만, 이미 10년 전에 무상급식을 비롯해 생활 정치에 나선 사람들은 무상급식의 씨를 뿌려왔다. 그 생활 정치에 누구보다 앞장선 사람들은 민주노동당의 평당원들이었다.

상황을 진보정당으로 좁혀 살펴도 마찬가지다. 언론이 이승만의 3·15부정선거와 비슷한 사건으로 대서특필해간 통합진보당의 비례대표 선출 방법만 보더라도 민주당은 물론 새누리당과 얼마든지 단순 비교가 가능하다. 헌법기관인 국회의원을 선출하는 과정에서 일어난 부정선거라며 이승만까지 덧붙여 몰아가는 사람들과 그들의 여론몰이에 휩쓸린 사람들에게 정말 묻고 싶다. 새누리당과 민주당의 비례대표 순위는 어떻게 결정하고 또 했는가.

더러는 새누리당과 민주당은 통합진보당과 경선 규칙이 다르다고 반박한다. 과연 그러한가. 좋다. 두 당은 통합진보당과 달리 당 지도부가 당 안팎의 인사들로 임명한 '비례대표 공천심사위원회'에서 결정했다. 그렇다면 과연 그 심사위에서 결정한 순위대로 모든 게 이뤄졌을까? 그 과정에서 당 지도부의 영향력으로 순위가 조정된 사람은 없는가?

바로 그렇기에 조중동의 틀을 벗어나지 못한 채 진보의 죽음을 들

자로 하는 법안을 통과시켰다. 한나라당과 민주당이 모두 도입을 검토하고 있는 전 · 월세 상한제도 2004년 민노당 의원 10명이 발의한 법안 중 하나다. 당시 민노당은 이 법안에 임차인 계약갱신권을 명시하고 전 · 월세 연간 인상률을 5퍼센트로 제한하는 내용을 담았는데 17대 국회에서 제대로 논의되지 못한 채 자동 폐기됐다. 양당이 경쟁을 벌이고 있는 대학 등록금 부담 경감도 권영길 민노당 원내대표가 2002년 대선 출마 당시 주장했던 '무상교육' 내용에 포함돼 있어 민노당이 '원조' 라고 할 수 있다. 한나라당의 소득 70퍼센트 무상보육, 민주당의 무상보육 · 무상의료도 모두 민노당이 과거에 주장했던 것과 유사한 것들이다. 홍준표 한나라당 대표가 강하게 주장하고 있는 대부업체 이자율 제한도 민노당이 2004년부터 주장해왔던 것이다. 보수성향 시민단체 바른사회시민회의는 "여섯 석짜리 민노당의 급진적인 주장에 끌려 다니며 민노당 3중대로 전락하고 말았다" 고 비판했다. (문화일보 2011년 7월7일).

먹이는 사람들과 이 책이 서 있는 자리는 확연히 다르다. 진보정치 세력이 직면한 문제에 접근하는 방법 또한 수구-보수세력과 민주 세력은 달라야 옳다.
진보를 비판하려면 그 명확한 전제 위에 서야 옳다. 진보 내부는 물론, '돌직구녀'로 상징되는 국민 다수와의 열린 대화, 소통을 위해 그렇다.

오해 없기 위해 명토박아 두지만, 나는 진보세력에게 돌직구를 던진 그 20대 젊은 노동자에게 아무런 유감이 없다. 아니, 정말이지 그와 대화를 나누고 싶다. 여기서 내가 그 여성을 '노동자'라고 쓴 것은 물론 의도적이다. 나 자신도 언론 노동자로 살아왔다.

한국의 대다수 국민은 여전히 '직장인'이라는 말을 부드럽게 듣는 반면에 '노동자'라는 말은 귀에 거슬릴 터다. 대한민국의 진보는 1960년 이후 반세기 동안 시민과 노동자 사이에 놓인 '거리'조차 좁히지 못했기 때문이다. 시민 자신이 바로 노동자라는 진실[3]조차 대다수 시민들이 망각한 채 살고 있다.

1퍼센트를 위한 99퍼센트의 희생? 먹통의 환상

한국의 대다수 시민은 '노동자'라는 말을 부담스러워 한다. 이해할 수 있다. 초·중·고등학교는 물론, 대학에서도 노사 관계를 비롯

3 대다수 시민이 노동자라는 진실은 은유가 아니다. 사회과학 개념이자 법률 용어다.

해 노동 교육이란 전혀 찾아볼 수 없기 때문이다. 그렇다고 신문과 방송에서 노동자를 있는 그대로 묘사하는 것도 아니다.

노사 사이의 갈등과 그것을 해결해나가는 과정 자체가 민주 시민 교육이라는 상식을 지닌 사람들은 의외로 적다. 그 결과다. 자신이 엄연히 임금을 받고 살아가는 노동자이면서도 그들 대다수는 노동자 아닌 '직장인' 또는 '회사원'이라는 정체성을 지니고 있다. 언론이 보도하고 논평하는 틀(프레임)을 그대로 따르고 있는 셈이다.

문제는 시민운동을 하는 활동가들조차 노동운동에 거리감을 둔다는 데 있다. 이명박 정권을 겨냥해 온갖 욕설을 퍼붓는 이들 가운데도 노동에 대한 인식이 아예 없는 사람들이 많다.
바로 그렇기에 나는 대한민국의 진보들이 "1퍼센트를 위한 99퍼센트의 희생"으로 한국의 현실을 분석하는 모습에 절망을 느낀다. 1퍼센트 대 99퍼센트를 부르대는 사람들 가운데는 노동운동이나 그에 기반을 둔 정치의 중요성을 전혀 모르는 사람들도 많다.

기실 1퍼센트 대 99퍼센트 담론이 갑작스럽게 한국 사회에 퍼져간 데에는, 아니 더 정확히 말해서 한국의 진보들 사이에 '습관' 처럼 애용되고 있는 데에는 2011년 9월부터 벌어진 미국 월스트리트의 시위가 큰 몫을 했다. "월스트리트를 점령하라"(Occupy Wall Street!)는 구호를 내건 미국 젊은이들의 시위는 미국 정부의 구제금융으로 가까스로 위기를 벗어난 월스트리트의 금융 기업들이 고액의 연봉과 인센티브 잔치를 벌인 것에 분노해서 일어났다.

미국에서 일어난 "점령하라" 시위에 한국의 진보들은 들떴다. "이명박 – 한나라당 정권의 1퍼센트만을 위한" 이라는 말, "99퍼센트의 저항" 이라는 말들이 지식인들 사이에서 급속도로 퍼져갔다. "1퍼센트 가진 자들만을 위한 정책을 규탄하며, 그들의 폭압을 뚫고 99퍼센트 노동자·민중이 행복한 세상을 향해 달려가자"는 호소도 나왔고, "1퍼센트를 위한 재벌경제에서 모두를 위한 경제민주화로"를 내건 연대운동도 만들어졌다.

하지만 문제는 1퍼센트 대 99퍼센트가 아니다. 만일 그렇다면 전세계적으로 진보운동은 일찌감치 세상을 바꾸는 데 성공했을 터다.

물론, "1퍼센트 대 99퍼센트"가 집회나 시위장에서 얼마든지 나올 수 있고, 또 사람들의 눈과 귀를 모으는 효과는 분명히 있다. 그러나 그 집회와 시위를 뒷받침해줄 사상이나 정책을 모색하는 사람들조차 그런 환상에 젖어 있다면 어떤 변화도 이룰 수 없다. 실제로 미국 월스트리트 시위는 몇 달에 걸쳐 진행되었지만 성과 없이 흐지부지됐다. 그 말은 보수세력이 주장하듯이 그 점거 시위가 무용했다는 뜻이 아니다. 정반대다. 그 시위가 앞으로 미국을 변화시키려면 더 진지한 사상적 토대, 더 냉철한 현실 인식, 정책적 대안이 절실하다는 뜻이다.

한국으로 오면 더욱 그렇다. 적어도 미국에선 찾아보기 어려운 수구적 틀을 체현한 신문사들이 여론 시장을 장악하고 있기 때문이다. 다시 애초의 논의로 돌아가 짚어보라. 한국은 노동자라는 말은 물론, 노동운동이나 임금협상과 단체협약 그 모든 게 시민권조차 확보하지 못한 나라다.

이명박 정권이 민주주의를 후퇴시키며 남북관계를 파탄시켰고, 정권의 핵심부가 썩어 문드러질 만큼 부패했음에도 집권당인 새누리당이 2012년 4월 총선에서 국회 과반 의석을 확보하지 않았던가? 남쪽의 지도가 새누리당의 색깔로 짙게 물들었던 총선 개표 상황을 보고서도, 여전히 '1퍼센트 대 99퍼센트' 대결 구도를 고집하는 진보의 모습은 자신의 게으름을 폭로하는 것에 지나지 않는다.

현실을 추수하자는 뜻은 전혀 아니다. 하지만 찬찬히 짚어보기 바란다. 과연 오늘의 대한민국은 1퍼센트만을 위한 체제일까? 대한민국의 현 정치경제체제, 분단된 신자유주의 체제에서 1퍼센트의 삶만 물적 풍요를 누리고 있는가?

전혀 아니다. 물론, 대한민국은 대통령 이명박이나 삼성전자 회장 이건희와 같은 1퍼센트의 사람에겐 천국이나 다름없다. 노동자들에겐 천문학적 규모의 탈세를 저질러도 감옥에 가기는커녕 버젓이 활동하며 국민을 상대로 '훈계'한다. 천문학적인 액수의 배임과 조세 포탈을 저지르고도 겨우 징역 3년, 그것도 집행유예 5년을 선고받아 단 하루도 수감되지 않았던 이건희에게 대통령 이명박은 1인만을 위한 '특별사면'을 서슴지 않았다. 그 엄청난 특혜 앞에 적어도 자숙해야 할 이건희는 기자들과 만나 작심한 듯이 "모든 국민이 정직했으면 좋겠다"고 언죽번죽 말했다.

그들이 더없이 파렴치한 까닭은 정점에 있는 권력과 자본 쪽에 서서 그들이 흘려주는 떡고물을 먹고 사는 사람들이 제법 두툼하게 형성되어 있기 때문이다. 때때로 그들 또한 앞서 소개한 삼성전자 부사장처럼 비극적 최후를 선택하기도 하지만 아무리 줄여 잡아도 대한민국의 10퍼센트 사람들은 정치, 경제, 사회, 문화, 체육의 특권층을 형성하며 언론권력을 그 대변자로 삼고 있다.

언론권력은 권력과 자본의 이익을 국민 전체의 이익으로 호도해 왔다. 가난한 사람들이 모여 사는 달동네에서 오히려 가장 수구적인 정당을 지지하는 현상이 나타나는 것도 그 때문이다. 심지어 사회경제적 현실에서 비롯된 고통을 회피하려고 자신과 지배 권력을 동일시하면서 국가나 민족에 집착하기도 한다. 비단 가난한 사람들만이 아니다. 중산층들의 욕망은 끝없이 피라미드 정점을 해바라기하고 있다.

따라서 대한민국 특권 세력인 10퍼센트가 어떻게 90퍼센트를 지배하고 있는지를 파악하고 그 체제를 어떻게 바꿔야 할지 고심해야 할 상황에서 1퍼센트 대 99퍼센트라는 월스트리트 젊은 시위대의 안이한 주장을 그대로 따라가는 진보세력의 모습은 왜 그들이 여전히 정치적으로 소수인가를 오히려 입증해준다.

2000년대 들어선 뒤 모든 선거에서 서울 강남, 서초, 송파 3구에 거주하는 사람들이 특정 정당을 일관되게 지지하는 투표 행태는 그들이 얼마나 '계급 투표'에 충실한가를 생생하게 확인해주었다. 반면에 90퍼센트의 국민 대다수는 계급투표와 거리가 멀다. 10퍼센트가 자본력은 물론 언론권력을 통해 현실을 물구나무 세웠기 때문이다.

바로 그렇기에 나는 조중동의 틀을 벗어나 수구–보수세력과 다른 접근으로 오늘의 진보를 분석해야 옳다고 전제했다. 하지만 아니, 그럼에도 나는 한국의 진보세력이 죽었다는 데 기꺼이 동의한다.

다만 수구–보수세력과 일치하는 것은 정확히 그 문장까지다. 진보가 죽었다고 판단하는 이유부터 해결 방법까지 확연히 다르기 때문이다. 진보의 죽음을 부르대는 수구–보수세력의 진단은 틀렸고 처방 또한 '돌팔이'다.

내가 진보정치 세력이 죽었다고 판단하는 근거는 오늘 이 땅의 정치경제체제, 그러니까 시장의 자유와 자본의 자유를 절대적 가치로 삼는 신자유주의 체제, 그것도 분단체제의 규정을 받고 있는 신자유주의 체제에서 죽어가거나 고통받고 있는 사람들에게 진보가 특별한 존재 의미를 갖지 못한다는 데 있다.

냉철히 짚어보라. 과연 진보정치 세력 가운데 누가 그들에게 희망인가? 가장 많은 시간 일하면서도 가장 적게 받는 사람들, 충분히 먹지 못하는 사람들, 충분히 입지 못하는 사람들, 충분히 쉬지 못하는 대한민국 국민 대다수에게 희망을 주고 있는 진보정치 세력이 있는가?

너무 주관적인 표현이라면 달리 말하자. 통계를 보라. 대한민국의 자살률은 경제협력개발기구(OECD) 가운데 가장 높다. 출산율은 198개국 가운데 꼴찌다. 이 간명한 객관적 사실은 무엇을 의미하는가?

대한민국은 새로운 생명을 불러오길 가장 꺼리고 스스로 목숨 끊고 싶어 하는 사람들이 가장 많은 나라임을 뜻한다. 그 삶과 죽음의 끔찍한 통계 사이에 우리가 짚어야 할 객관적 수치는 더 있다. 한국인의 평균 노동시간이다.

연 2,100시간이 넘은 한국의 노동시간은 2012년 현재 보수정당이 집권하고 있는 독일에서 살아가는 사람들보다 연 700시간을 더 일한다. 청소년은 장시간 입시 경쟁에 허덕이고 20대와 30대 사이에는 삼포세대(연애, 결혼, 출산 포기)라는 말이 나돌며 이혼율이 가파르게 치솟고 술 소비량과 비정규직의 비율이 가장 높은 나라, 대한민국이다. 유치원 들어가기 전부터 노년에 이르기까지 전 세대에 걸쳐 스트레스와 절망이 보편화해 있는 나라, 대한민국이다.

앞서도 언급했지만 한국 사회에서 진보정치 세력이 집권할 수 있는 객관적 조건은 무르익었음에도, 진보는 가장 기본인 정당조차 온전히 운영하지 못하고 있다. 영국 노동당, 독일 사회민주당, 프랑스 사회당을 비롯해 노동운동에 기반을 둔 정당들이 이미 오래전에 집권했던 나라들과 달리 대한민국에서 노동운동에 근거한 정당들은 집권은커녕 원내 교섭단체 의석조차 확보하지 못했다.

물론, 오늘의 정치적 현실에 가장 큰 책임은 거듭 강조하지만 언론에 있다. 우리 사회에서 일어나고 있는 일에 대해 정확하게 짚고 그것을 어떻게 보아야 하는지 설명해가야 할 언론이 오히려 소통을 가로막아왔기 때문이다. 특히 조중동과 그 영향을 받은 방송 3사의 프레임이 큰 영향을 끼쳤다. 인터넷시대니 소셜미디어니 하지만 그 프레임을 온전히 벗어나기란 쉬운 일이 아니다. 그럼에도 오늘 우리가 그들만 탓할 수는 없지 않은가.

문제를 우리 내부로 돌려야 할 이유다. 보라, 집권에 가까이 갈 전망도 전혀 없으면서 유럽의 진보정당들을 '개량주의'라고 뽐내듯 내치는 진보 엘리트들을. 보라, 한 줌도 안 되는 진보정치 세력끼리

분당을 서슴지 않거나 온갖 모욕적인 언사로 비방을 서슴지 않는 꼴을. 보라, 마침내 당원들이 당 대표에게 무람없이 폭행을 저지르는 저 살풍경을.

조중동 때문만으로 소통이 안 되는 것은 아니다. 진보정치 세력과 국민 사이에, 좁게는 진보정치 세력 내부에, 더 좁게는 바로 진보 개개인 내부에 소통이 이뤄지지 않고 있다. 그렇다. 먹통은 이명박 정권만이 아니다. 적잖은 진보도 먹통이다.[4]

기실 민중의 구체적 삶에서 문제를 바라본다면, 한국의 진보정치 세력이 지리멸렬해 있는 현실은 분노해야 마땅한 일이다. 아니, 더 정확히 말하자면 진보정치 세력임을 자처하는 모든 사람의 직무유기다.

왜 그런가? 간단한 산수다. 비정규직 850만 명과 농민 300만 명, 청년실업자 100만 명은 모두 유권자다. 정규직 노동자를 더하면 그 숫자는 2,000만 명을 단숨에 넘어선다. 대한민국에서 대통령에 당선되는 데는 1,200만 표면 충분하다.

대다수 유권자들이 자기 정체성만 갖고 투표한다면, 선거 결과는 굳이 따져볼 필요도 없다. 진보정치 세력이 집권하는 게, 상식이자 순리다. 4월에서 8월까지 모든 진보가 자신의 꿈을 무덤까지 가져갈 듯이 지레 자포자기하고 있는 것은 민중과의 소통에 실패했고 더

4 적잖은 진보가 먹통이라는 말은 문자 그대로 모든 진보가 소통하지 않았다는 뜻이 전혀 아니다. 그것은 사실과도 다르고 그렇게 생각하지도 않는다. 기실 분단체제에서 살아가는 진보에게 소통의 어려움은 크다. 진보 사상을 소통하지 못하도록 억압하고 고통을 주는 현실이 엄존해왔기 때문이다. 바로 그 점에서 진보란 희생의 또 다른 이름일 수 있다. 진보정당이 국회에 들어간 뒤에도 여전히 민주노총이나 진보정당을 거론하면 '빨갱이'를 떠올리게 만드는 끈덕진 힘, 진보의 다양한 사상적 스펙트럼을 무시하고 모든 걸 주체사상과 동일시 치부하는 정치적 힘이 엄존하고 있기에 더욱 그렇다. 신자유주의 경제체제 속에서 하루하루 힘겨운 삶을 지탱하

원천적으로는 자신과의 소통에 실패했기 때문이다. 맞아 죽거나 분신자살한 노동자와 농민, 스스로 목숨을 끊는 빈민을 떠올리면, 오늘 진보정치 세력은 고통받는 민중 앞에 도덕적 나태를 넘어 '사회적 타살'의 공범이다.

그런데 과연 '나태한 공범'이라는 비판의 과녁은 진보정치 세력만일까? 혹시 모든 진보가 성찰해야 마땅한 자기 가슴의 '화살'이 아닐까.

그 많던 진보는 어디 있을까?

가만히 진보 내부를 돌아보면 문득 생게망게한 현상을 발견하게 된다. 대다수 독자에게는 낯설 말 '생게망게'를 일부러 쓰는 이유는 도무지 이해할 수 없는 현상을 독자와 함께 정확히 인식하자는 충정에서다.

그 현상은 뜻밖에도 우리 개개인의 일상생활과 직결되어 있기에 더욱 그렇다. 다만, 우리 모두가 그 이해할 수 없는 현상을 자연스럽게 또는 당연하게 받아들이고 있어 의식하지 않고 있을 따름이다.

무엇일까? 4월에서 8월까지 모든 진보가 지금까지 걸어온 인생을, 오늘 이 순간 걷고 있는 삶을, 톺아보길 제안하고 싶다. 잠시라도 멈춰 서서 다음 물음을 자신에게 툭 던져보면 어떨까.

는 사람들로 넘쳐나는 한국 사회에서 진보에 대한 논의는 자연스럽게 이뤄져야 마땅함에도 그것을 가리틀고 있는 구조적 현실을 직시할 필요가 있다. 실제로 이 책을 쓰면서 만난 40대는 자신이 1980년대에 학생운동 했다는 사실을 일터나 동네에서 감추고 있으며 특정 사안에 대한 자신의 정치적 시각을 말하지 않는다고 털어놓았다. 하지만 바로 그렇기에 소통은 더 중요한 게 아닐까. 이 책의 후반부에서 살펴보겠지만 혹 자신의 경직된 사상이 스스로 소통을 가로막고 있는 것은 아닌지 자문해볼 필요도 있다.

"한국 사회처럼 숱한 젊은이들이 새로운 세상을 열기 위해 반세기 넘도록 기꺼이 헌신한 사회가 있었던가?"

그 물음에 답은 명확하다. 세계사를 돌아보아도 드물다. 기실 멀리는 갑오농민전쟁과 3·1운동으로 거슬러 올라갈 수도 있다. 하지만 너무 멀 때는 현실감이 엷어질 수 있다. 한국전쟁의 폐허를 딛고 아래로부터 등장한 진보의 새로운 세대부터 톺아보자. 누구나 쉽게 떠오를 사건, 4월혁명으로 등장한 젊은이들이 그들이다.

혁명은 1960년 2월부터 남쪽에서 여울여울 타오르기 시작해 서울로 북상했다. 4월 19일 직후 서울시내에 자리한 서울대병원, 서울적십자병원, 국립의료원, 수도의대부속병원, 수도육군병원에 입원한 사람들을 나이별로 분류한 공식 통계가 있다. 10대(632명)와 20대(779명)만 1,400명이 넘는다. 30대(190명)나 40대(88명), 50대(88명)에 비교해 압도적이다. 저 밤마다 접동새 우는 수유리 국립묘지에는 180여 명의 원혼이 묻혀 있다.

통계가 입증해주듯이 이승만 독재정권의 총구 앞에 이 땅의 10대와 20대는 맨몸으로 맞섰다. 그뿐인가. 그 뒤 반세기 넘도록, 얼마나 많은 젊은이들이 붉은 피 흘렸던가. 얼마나 숱한 20대가 스스로 목숨 끊으며 싸웠던가.

자, 그런데 보라. 지금 우리는 어디에 있는가를. 4월혁명에서 5월항쟁으로, 다시 6월항쟁과 7~8월 노동자대투쟁으로 피 얼룩진 민주화투쟁이 힘차게 벌어진 50년 내내 대한민국은 어디에 있었는가.

물론, 보는 이에 따라 얼마든지 평가가 다를 수 있다. 1등 지상주의자들은 한국이 군부독재 시기에 경제성장률 1위였다고 자부한다. 하지만 이미 지적했듯이 자살률 1위, 이혼율 1위, 노동시간 1위, 산업 재해율 1위 따위의 객관적 통계는 주식회사 대한민국의 맨 얼굴을 여실히 드러내준다. 이 땅에서 생을 받고 태어난 사람들이 자기실현을 위한 노동과 사랑에 모두 위기를 겪고 있다는 증거다. 출산율이 꼴찌인 까닭도 여기 있다.

세계사에서 찾아보기 드물 만큼 민중운동이 세대와 세대를 이어가며 벌어졌음에도 대한민국의 오늘은 '생게망게'라는 해괴한 표현을 쓸 수밖에 없다. 지난 30년 동안 나는 그 가장 큰 이유로 현실을 왜곡하며 여론을 비틀어온 언론권력을 글과 행동으로 비판해왔다. 〈조선일보〉, 〈동아일보〉, 〈중앙일보〉와 각을 세워 언론 노동운동과 언론 개혁운동을 벌였다. 언론권력의 문제는 지금도 진행 중이기에 앞으로도 그 전선에서 물러날 뜻은 없다.

하지만, 거듭 강조하거니와 모든 걸 상대 탓으로 돌리는 오류에서 벗어나야 한다. 이제는 진보정치 세력 내부에서도 원인을 찾아 책임을 엄중하게 물어야 할 때가 왔다. 2012년 4월 총선 뒤 통합진보당의 볼썽사나운 갈등과 대립은 언론보다 더 큰 책임이 진보정치 세력 내부에 있다는 진실을 우리에게 단숨에 깨우쳐주었다.

물론, 진보를 비판할 자격이 내게 과연 있는가부터 물어야 옳을 터다. 다만, 진보에 돌 던질 자격을 따따부따하는 엄격함보다 더 엄중한 문제에 진보가 직면해 있다. 누군가 악역을 맡지 않을 때 이 땅에서 진보정치 세력의 몰락은 예정된 순서일 수밖에 없다는 우려가 그것이다. 진보정치 세력의 몰락은 곧바로 대한민국에 사는 국민 대다수인 민중의 고통이자 남과 북으로 갈라진 민족의 비극일 수밖에 없기에 더 그렇다.

1960년 봄 이후 해마다 민주화의 세례를 받았던 사람들은 대한민국에 켜켜이 쌓여 있다. 4월혁명 당시 부상당해 병원에 있던 1,400명의 10대와 20대는 지금 어디에 무엇으로 있는 걸까? 70대만이 아니다. 60대, 50대, 40대, 30대까지 민주화운동과 통일운동에 몸을 던졌던 사람들이 시퍼렇게 살아 있다. 그 아래로는 2008년 4월에 준비한 촛불을 5월, 6월, 7월, 8월 내내 전국 곳곳에서 밝혔던 10대와 20대가 있다. 그 촛불의 광장에는 1960년 4월혁명 세대부터 1996년 8월 연세대항쟁의 한총련 세대까지 모두 모이지 않았던가.

하지만, 가장 가까운 촛불조차 빛바랜 추억이 되었듯이 4월에서 8월까지 모든 진보는 일상에 묻혀 있다. 각자 먹고살아가는 경제생활에 매몰[5]되어 정치적 열정은 시나브로 줄어들었다. 오늘의 현실 앞에서 모든 책임을 진보의 정치 세력화에 나선 사람들에게 물을 문제가 아니다.

4월에서 8월까지 대다수 진보가 정의롭던 꿈을 잊었거나 아니면 꿈만 지닌 채 일상생활을 벌여나간 결과가 생게망게 한 현실을 빚었다는 성찰이 절실하다.

그래서다. 누군가는 이제 한물갔다고 흘기거나 촌스러운 구태라며 쓰기조차 꺼리는 말이지만, 나는 물론, 국민 개개인에게도 삶의 뿌리인 민중과 민족을 위하여 옷깃을 여미고 묻는다. 대체 그 많던 진보는 모두 어디 갔을까?

5 '매몰'이라는 표현을 썼다고 해서 그것을 경시하는 것은 전혀 아니다. 경제생활은 삶의 기초이기 때문에 본질적으로는 신성한 일이다. 문제는 그 경제생활의 현실이다. 경제와 정치가 별개가 아니라는 사실에 새삼 눈뜰 필요가 있다.

2 우리는 민주파다

평등파와 자주파의 기원 | 별

가만히 눈을 감으면 1970년대 대학가의 흐린 흑백 풍경을 배경으로 그날 그 순간이 천연색으로 생생하게 떠오른다. 학교 안에 군부독재의 사복경찰들이 출퇴근하며 상주하고 있던 시기, 은밀하게 예고된 시각에 우리는 중앙도서관 들머리에 후다닥 모여들었다. 서로 어깨에 손을 올리고 밀집대형(스크럼)을 짰다. 긴장감에 떨리는 목소리를 감추려고 무장 크게 노래 불렀다. 훌라송이다.

"우리들은 민주파다 훌라훌라 / 같이 죽고 같이 산다 훌라훌라
무릎 꿇고 살기보다 서서 죽길 원한다 / 우리들은 민주파다"

노래가 끝날쯤 곧바로 '민주'는 '정의'로 바뀐다.

"우리들은 정의파다 훌라훌라 / 같이 죽고 같이 산다 훌라훌라
무릎 꿇고 살기보다 서서 죽길 원한다 / 우리들을 정의파다"

참 단순했지만 가슴 뭉클한 노래였다. 어느새 하나 둘 나타난 사복경찰들이 중앙도서관 앞으로 반원을 그리며 다가온다. 지금도 그 노래를 떠올릴 때마다 사복경찰에 체포되어 질질 끌려갔던 경험이 새롭고 가슴 싸하다. 분명 사복경찰보다 대학 재학생의 숫자가 압도적이었음에도 1970년대 후반 대학생들의 시위 참여는 극소수였다.

중앙도서관 앞에서 학교 정문까지 양옆의 사복경찰에 발이 땅에 닿을 듯 들린 채 끌려가면서 나는 멀뚱멀뚱 바라보거나 외면하는 학우들을 보며 우리의 싸움은 기나긴 투쟁이 필요하다고 절감했다. 그 날 나는 박정희 독재정권과 평생을 걸고 싸우겠다고 다짐했다.

혹시 지금 이 책을 읽는 독자가 20대라면 상상해보기 바란다. 만일 군인이 쿠데타를 일으켜 장기 집권하면서 민주주의를 요구하는 학생운동과 사회운동가들을 서슴없이 처형대에 올린다면, 젊은 당신은 어떻게 처신할 것인가. 그 시절에 젊은이였다면 자신이 직접 뛰어들든 아니든 누구나 한 번쯤은 변혁을 꿈꾸었을 터다.

사실상 종신 대통령 자리를 헌법으로 보장받은 박정희는 대구-경북 지역 학생운동 출신들을 인혁당재건위[6] 사건으로 엮어 전격 처형한 뒤 더 노골적으로 '총통'의 독재권력을 휘두르고 있었다. 국민의

6 1964년 8월 중앙정보부는 "북괴의 지령을 받고 대규모 지하조직으로 국가변란을 획책"했다며 인민혁명당(인혁당) 일당 57명 중 41명을 구속하고 16명을 수배했다고 발표했다. 그 뒤 10년이 흐른 74년 4월, 중앙정보부는 다시 '인혁명당 재건위'를 적발해 검거했다고 발표했다. 중앙정보부는 74년 유신반대 투쟁을 벌였던 민청학련(전국민주청년학생연맹)을 수사하면서 배후 · 조종세력으로 '인혁당재건위'를 적발했다며, 이를 평양의 지령을 받은 남한 내 지하조직으로 발표했다. 인혁당 재건위 조직이 민청학련(전국민주청년학생연맹)의 배후에서 학생시위를 조종하고 정부를 전복해 노동자와 농민에 의한 정부 수립을 기도했다는 것이다. 인혁당 관련자 21명, 민청학련 관련자 27명 등 180여 명이 긴급조치 4호, 국가보안법, 내란예비음모, 내란선동 따위의 어마어마한 죄명으로 비상보통군법회의에 기소됐다. 민청학련 관계자들은 대부분 감형 또는 형 집행정지로 석방됐지만, 75년 4월 8일 인혁당 재건위 관련자 8명은 대법원에서 사형선고를 확정받았다. 박정희 정권은 재판 종료 24시간도 지나지 않아 전격적으

손에 대통령을 직접 뽑는 투표권이 없었기에 군부독재를 끝장내려면 어떤 형태로든 혁명이 불가피하다고 판단하는 것은 자연스러운 일이었다.

1979년 박정희 독재정권의 중추기관이던 중앙정보부(현 국가정보원)가 사뭇 당당하게 발표한 '남조선민족해방전선'은 그 대표적 실천이었다. 반유신과 민주화, 민족해방을 목표로 결성된 남조선민족해방전선준비위원회(남민전)는 1976년 2월 11일 비합법조직으로 창립되어 유신체제를 비판하는 유인물과 기관지를 제작해 배포하며 전국 주요 도시에서 일제히 봉기함으로써 혁명적 변혁을 목표로 했다. 100명 가까운 조직원이 체포된 남민전에 대해 당국은 "무장 도시게릴라 조직"이라고 발표했다. 남민전을 지도한 이재문은 잔혹한 고문의 후유증으로 1981년 11월 22일 감옥에서 숨졌고, 신향식은 1982년 10월 8일 사형당했다.

1980년 '서울의 봄'이 얼어붙고 광주에서 수백 명의 민주 시민을 학살하는 참극이 벌어지면서 대한민국의 앞날은, 진보의 미래는 깜깜하게 다가왔다.[7] 학살을 서슴지 않는 군부독재와 맞서 싸우려면 목숨을 내놓아야 하는 결단이 필요했다. 어둠이 짙을수록 그 속에서 '별'[8]을 찾는 마음은 더 간절해졌고 더 보편화됐다.

실제로 당시 대학생들은 리영희와 송건호, 강만길의 책을 읽으며

로 8명의 사형을 집행했다. 민주화가 진행되면서 진상 규명 운동이 벌어져 2007년 1월 사법부가 재심청구를 받아들여 8명 모두에게 무죄를 선고했다.

7 여기서 다시 젊은 세대에게 상상해보길 권한다. 끈질긴 민주화항쟁이 불씨가 되어 정권 내부 갈등으로 박정희가 암살되고 민주주의 새벽이 열렸지만 또 다른 쿠데타가 일어나며 민주 시민들을 수백여 명 학살했다면, 젊은 당신은 그 시대에 자신만의 안일을 꾀했겠는가.

8 여기서 별은 군사독재의 야수적 고문과 사법적 살인 체제와 맞서는 과정에서 자신을 지켜주고 길을 밝혀줄 지표를 뜻한다. 많은 사람들이 별을 특정 인물과 등식에 놓고 영웅화했다. 예컨대 더러는 레닌을, 더러는 김일성을 그렇게 추앙했다. 물론, 두 사람만은 아니다. 마오쩌둥이나 체 게바라, 호치민도 별처럼 빛났던 시대가 있었다.

생각을 넓혀갔다. 신문사 편집국 국제부에서 오랫동안 활동했던 리영희는 1974년 『전환시대의 논리』를 출간해 중국과 베트남을 바라보는 새로운 시각을 적극 소개함으로써 냉전적 사고에 젖어 있던 젊은이들의 사고를 '전환' 하는 데 크게 기여했다. 『전환시대의 논리』가 큰 호응을 얻자 리영희는 그 속편으로 『우상과 이성』을 출간했고 이어 『8억 인과의 대화』가 선보였다.

송건호의 『한국민족주의의 탐구』와 강만길의 『분단시대의 역사인식』도 민주화운동에 나선 학생들에게 필독서로 꼽혔다. 리영희가 중국혁명과 베트남혁명을 새롭게 보는 데 기여했다면 송건호는 이승만과 김구의 정치노선을 또렷하게 대비해 보여주었고 강만길은 '분단체제'가 "민족사 위의 부정적 체제이며 극복되어야 할 체제"임을 명확하게 제시했다.

1970년대 대학가 시위에서 학생들이 훌라송과 더불어 '우리의 소원'을 불렀던 이유도 분단체제를 넘어서야 한다는 시대적 공감대가 형성되어 있었기 때문이다. 물론, 우리의 소원 1절이 끝나면 곧바로 '통일'을 '민주'로, '정의'로 바꾸어 불렀다. "우리의 소원은 민주" 또는 "우리의 소원은 정의"가 그것이다.

리영희와 송건호, 강만길의 책을 기점으로 더 왼쪽의 진보적 시각을 담은 출판물들이 잇따라 출간됐고 젊은이들은 한 걸음 한 걸음 사

9 출판의 자유가 억압되었던 1970년대 후반기에 학생들은 사회주의에 대한 지식을 일본에서 출간된 책을 통해 얻었다. 일어 학습 붐이 학생운동 내부에 일어났던 이유다. 하지만 일어로 쓰인 책들 또한 스탈린 체제에서 교조화된 '마르크스-레닌주의'에 근거한 게 대부분이었다. 리영희의 책에서도 중국 마오쩌둥이 주도한 문화대혁명에 대해 과도한 신비화가 깔려 있었다. 그런 흐름은 1980년대로 이어져 전두환 체제 아래 학습과 토론 또한 한계가 있을 수밖에 없었고, 1990년대 뉴라이트가 창궐하는 데 한 '명분'이 되었다.

회주의 사상에 다가갔다.[9]

물론, 1960년대에도 사회주의 사상은 한국 현대사의 깊은 곳을 흐르며 명맥을 유지해오고 있었다. 비록 한국전쟁을 거치면서 대다수 사회주의자들이 죽음을 맞았거나 월북했다고 하더라도 해방공간에서 혁명의 열정에 사로잡힌 세대가 모두 사라진 것은 아니었기 때문이다. 그들은 끊임없이 인혁당(인민혁명당)이나 통혁당(통일혁명당)과 같은 혁명조직을 만드는 데 나섰고 그때마다 정보기관에 체포되었다.

혁명적 변화를 추구할 때 그것을 뒷받침할 사상이 필요한 것은 물론이다. 1970년대 대학가에서 사회주의 사상은 자생적으로 부활할 객관적 조건을 갖추고 있었다. 실제로 통혁당을 비롯한 과거 사회주의 세대와 선이 닿지 않은 자생적 사회주의 세대가 등장했다.

그 결과였다. 러시아혁명에 대한 관심이 높아가면서 마르크스와 레닌의 저작물들을 번역하고 공부하며 그것을 실천에 옮겨가는 젊은이들이 나날이 늘어갔다. 그들은 학생운동의 한계를 절감하며 자본은 물론 권력으로부터 탄압받고 있던 노동 현장으로 아낌없이 몸을 던졌다. 노동 현장으로 들어간 바로 그들이 2010년대 들어 국민에게 '평등파'로 알려지는 세력의 기원이다.[10]

1980년대 한국 사회의 혁명적 변화에 공감대가 급속도로 형성된

10 평등파라는 말은 물론 나중에 나온 개념이다. 곧 상술하겠지만 1980년대 중반 자주파의 등장 이후 그와 견주는 말로 정착해갔다. 1980년대에 자주파는 엔엘로, 평등파는 피디로 불렸다. 엔엘(NL)은 민족해방(national liberation)의 줄임말로 남한 사회를 미국 제국주의의 식민지로 파악하고 그것을 넘어서는 자주적 통일운동에 역점을 둔다. 피디(PD)는 민중민주(people's democracy)의 줄임말로 남한은 식민지가 아니라 이미 자본주의 단계에 들어선 사회로 파악하고 혁명적 노동운동을 강조했다.

배경에는 1970년대 내내 학생들 사이에 이뤄지고 있었던 마르크스와 레닌, 마오쩌둥 사상에 대한 학습과 토론이 자리하고 있었다. 비판세력을 체포해 사형 집행을 서슴지 않는 독재를 지켜보던 젊은이들의 가슴으로 혁명적 정의감이 자연스럽게 솟아오르던 시기였다.

사회주의 혁명에 실천적 관심이 퍼져가던 1980년대 초반에 이르러 당시 신문과 방송에 '북괴'로 표기되었던 조선민주주의인민공화국을 긍정적으로 바라보는 대학생들이 늘어나고 있었다. 러시아혁명과 레닌, 중국혁명과 마오쩌둥을 학습하던 사람들 사이에서 그렇다면 이 땅에선 어떤 혁명, 어떤 혁명가가 존재하고 있는가를 찾는 것은 자연스러운 사고의 발전이었다고 할 수 있다.

기실 1970년대 후반에 접어들면서 이미 몇몇 대학에선 단파 라디오를 통해 평양방송을 듣는 모임이 태동하고 있었다. 당시만 하더라도 북쪽의 1인당 국민소득이 남쪽을 능가하고 있거나 엇비슷했기에 호감을 느끼는 젊은이들이 적지 않았다.

더구나 미국이 1980년 5월 광주에서 일어난 이른바 '신군부'의 민주 시민 대량 학살에 도움을 준 사실이 확인되면서 반미의식도 높아갔다. 대학 내 학습 동아리에서 미국에 대한 비판의식이 퍼져가고 미국문화원에 불을 지르는 사건이 곰비임비 일어나는 가운데 마침내 1985년 하반기에 조선로동당의 노선에 적극 동조하는 팸플릿이 대학가에 등장했다.

팸플릿은 "한국 사회의 기본 모순은 한국 민중과 미 제국주의 사이의 모순"이라고 규정하고, 한국의 민주주의 혁명을 이룬 뒤 남북의 자주적 평화통일을 이루는 게 한국 운동세력의 목적이라고 선언했다.

『강철서신』으로 회자된 그 문건의 필자는 서울대 법대에서 학생운동을 했던 김영환이다. 『강철서신』은 품성론을 펴 단숨에 많은 학생들의 마음을 사로잡았다.

"솔직, 소박, 겸손, 성실, 용감한 품성을 갖고 있는가, 그렇지 않은가. 소박한 품성이란 사치나 허영, 공명심에 빠져 있지 않은 품성을 말한다. 겸손한 품성이란 거만하지 않은 품성을 말한다. 성실한 품성은 나태, 방탕하지 않은 품성을 말한다. 품성은 사상과 밀접히 관련돼 있으며 한 사람의 사상을 결정하는 데 결정적인 역할을 한다."

학생운동 내부에 운동의 헤게모니를 둘러싸고 갈등이 불거지던 상황에서 『강철서신』이 제기한 품성론에 정의감 불타던 대학생들은 뜨겁게 호응했다.[11] 바로 그것이 자주파의 기원이다. 그 뒤 주체사상에 대한 탐구는 확산되어 1988년에 이르면 『주체사상 총서』가 발간된다.

자주파는 그 뒤 공안당국과 언론권력의 집요한 추적, 비판을 받았

11 하지만 품성론과 별개로 『강철서신』의 내용은 처음부터 한계가 또렷했다. 가령 박헌영을 미제의 간첩으로 규정한 『강철서신』의 선동은 그의 해방전후사 인식이 얼마나 얕은가를 입증해 주었다. 역사적 인식의 한계는 그 뒤 자주파 대다수에게 드러난다. 박헌영을 간첩으로 믿는 천박한 역사 인식은 김영환이 잠수정을 타고 입북해 김일성을 만나고 온 뒤 정반대로 반북운동을 펼치는 데서도 확인할 수 있다. 박헌영이 미제의 간첩이라는 규정이 섣부른 판단이듯이 그가 조직한 이른바 뉴라이트의 반북운동 또한 이 책의 후반부에서 상세히 언급하겠지만 섣부르다. 박헌영을 간첩으로 몰아세울 만큼 김일성주의에 투철한 김영환과 김일성주의 타도를 외치는 김영환은 정반대의 모습이지만 천박한 역사 인식이라는 점에서는 논리적 일관성을 지니고 있다.

다. 단순한 과거의 일이 아니다. 2012년 총선 전후로 통합진보당을 둘러싸고 '종북' 논란이 일었을 때만도 아니다. 그에 앞서 2011년 9월 서울시장 보궐선거를 한 달 앞두고, 경실련을 만들어 시민운동 활성화에 앞장섰던 서경석 목사는 시장선거에 출마를 선언한 박원순 변호사를 격렬하게 비판하는 글을 공개적으로 발표했다.

서 목사는 자신이 시민운동 출신이면서도 시민운동가를 공개적으로 비판하는 이유를 박 변호사가 국가보안법 폐지를 주장했기 때문이라고 밝혔다. 여기서 그의 주장을 상세하게 분석할 필요는 없을 듯하다. 적어도 이 책의 독자들은 그 정도는 지루하게 느낄 게 분명하다. 실제로 목사의 글에서 주목할 대목은 따로 있다.

"1980년대 중반을 넘어서면서 주체사상파가 학생운동의 주류가 되었고 이 세력은 87년 민주화 대항쟁 승리의 주역이 되었다. 그리고 승리의 경험을 한 주사파는 기세 좋게 사회 각 분야로 진출했다. 시민운동을 좌파로 만들고, 교사가 되어 전교조를, 노동자가 되어 민노총, 민노당을, 기자가 되어 언론노련을 만들었으며 나아가 학계, 정관계, 법조계 등 사회 각계로 진출했다. 이들은 규모도 30~40만 명이 되는 대한민국 최대의 세력이다."

어떤가. 아마 진보라면 누구나 이 대목에서 추억에 잠기지 않을까 싶다. 실제로 자주파가 학생운동의 주류가 된 것은 사실이다. 그 '세례'를 받은 사람들의 규모를 서경석이 30~40만 명이라 한 것은 어쩌면 너무 줄인 숫자일 수도 있다. 이른바 '친북세력 명단공개 추진본부장'이라는 인물이 〈주간조선〉과 한 인터뷰에 따르면 대한민국 안에 친북좌파의 숫자는 400만 명에 이르기 때문이다.

허허 웃자고 하는 이야기가 아니다. 생각해보라. 1980년대 대학에만 국한하더라도 쉽게 파악할 수 있다. 1980년대 내내 전국 대학에서 민주화운동과 통일운동이 활발하게 일어났고, 적어도 집회와 시위에 가담한 사람들의 숫자만 따지더라도 1980년대만 수십만 명에 이른다.

설령 집회와 시위에 몸으로 참여하지 않았다고 하더라도 민중운동과 통일운동에 공감한 대학생들의 숫자까지 포함하면 더 많다. 어찌 1980년대 만이겠는가. 1990년대도 2000년대도 있다.

그럼에도 우리가 1980년대를 주목하는 이유는 그 시대가 가장 혁명성이 높았기 때문이다. 그 시대를 우리는 공공연하게 '혁명의 시대'라고 부른다. 심지어 보수를 넘어 수구에 더 가까운 〈조선일보〉조차 머뭇거림 없이 그렇게 호명한다.

하지만 이제 우리는 솔직할 필요가 있다. 정말 1980년대가 '혁명의 시대'였는가? 아니다. 자주파와 평등파의 핵심적 젊은이들은 그렇게 생각했을지 모르겠지만-또 '혁명'을 격렬하게 선동한 사람들

가운데 돌연 미몽에서 깨어나 '뉴라이트'로 반동의 길을 선택해 더 미몽에 사로잡힌 사람들도 많지만-국민 대다수가 호응한 것은 '직선제 개헌'이란 말에서 상징적으로 나타나듯이 정치적 민주화였다.

국민 대다수는 1961년 5월 쿠데타로 집권한 군부가 인권을 유린하고 민중을 학살하며 사반세기 내내 지배해오는 독재체제에서 벗어나 민주주의와 민족통일을 일궈가자는 데 공감했을 뿐이다. 그 시점에서 자주파(NL)와 평등파(PD)의 이야기를 들었던 국민은 극소수였다.[12]

엔엘과 피디, 자주파와 평등파가 활동하고 있었지만 국민 대다수의 가슴을 사로잡은 정치 세력은 결코 그들이 아니었다. 김영삼-김대중 두 김씨였다.

국민의 눈에는 군부 독재자의 대안으로 김영삼-김대중이 얼마든지 국정을 책임질 수 있는 정치인으로 다가왔다. 두 김씨를 탄압하며 원천적으로 배제하는 군부독재에 국민 대다수의 저항감이 강한 이유였다.

1987년 6월항쟁 뒤 진보의 분화가 나타나고 적잖은 진보, 특히 각 대학 학생운동의 대표들이 제도 정치권으로 흡입된 것은 구체적 정치판에서 두 김씨의 영향력이 그만큼 컸기 때문이다.

12 6월항쟁에 이어 일어난 7~8월의 노동자대투쟁에서 노동 현장에 들어가 활동했던 학생운동 출신들의 조직적 힘은 노동자들 스스로 떨쳐 일어난 자생적 투쟁에 비해 미미한 수준이었다. 진보가 역사 앞에 언제나 겸손을 잃지 말아야 할 이유다.

제도 정치권의 강력한 자장

1987년 6월항쟁의 주체는 누구인가. 흔히 6월항쟁은 '국민대항쟁'이라며 그 항쟁에 계급적 성격을 부정한다. 하지만 국민 대다수가 민중이라면, 더구나 항쟁에 나섰던 국민이 민중이었다면, 당시 가장 많이 통용되었던 호명이 민중이었다면, 6월항쟁의 주체를 청년학생, 노동자-여기에는 생산직 노동자만이 아니라 흔히 '넥타이부대'로 불리는 사무·금융직 노동자들이 당연히 포함된다. 이는 6월항쟁을 이어 폭발적으로 전개된 7~8월 노동자대투쟁에서 도 확인할 수 있다-농민, 도시빈민, 자영업인들로 꼽는 데 이견이 없다면, 이제 우리는 정면으로 물어야 옳다. 왜 민중은 6월항쟁이 일궈낸 민주주의 체제에서 '유배'되어 왔는가.

차분하게 6월항쟁 이후 사반세기(1987~2012)를 톺아볼 일이다. 항쟁에 참여한 사람들이 그 이후 노동운동과 언론운동, 시민운동에 헌신해온 한국 사회에서 오히려 민주주의가 답보하거나 후퇴하는 양상마저 보이고 있기 때문이다. 이명박 정부가 들어선 뒤 김대중-노무현 정부가 그나마 이룬 형식적 민주주의조차 뒷걸음질 치는 가운데 2012년 8월 현재 쿠데타로 집권한 군부 독재자의 딸인 박근혜가 대통령이 될 가능성이 가장 높은 오늘은, 적어도 항쟁에 참여했던 사람들로선 꿈에도 상상할 수 없었던 일이다.

명백히 작금의 현실은 진보정치 세력의 실패를 의미한다. 더구나 진보세력 스스로 1987년 6월항쟁 직후부터 정당을 만들어 정치판에 뛰어들었기에 그 책임을 냉철히 따져야 옳다.

그럼에도 6월항쟁 이후 노태우, 김영삼, 김대중, 노무현, 이명박으로 이어지는 다섯 정치인이 대통령으로 당선되는 순간을 진보정치 세력과 민중은 지켜봐야 했다. 김영삼-김대중과 달리 노무현은 6월항쟁의 중심에 있지도 않았고, 이명박은 오히려 항쟁의 반대쪽에 있던 정치인이었다.

문제는 거기서 그치지 않는다. 진보가 온몸을 던져 싸운 바로 그 시기에 청와대에서 권력의 핵심부에 있었고, 아버지 박정희가 죽은 뒤에도 1980년대 내내 대학재단과 육영재단, 정수장학회 이사장으로 살았으면서도 언죽번죽 '잃어버린 18년'을 들먹이는 박근혜의 정치적 급성장은 진보정치 세력에게 성찰을 요구한다.[13]

결론부터 말해서 정치 현실에서 진보의 실패는 독자적인 정치 세력화를 외면하는 사람이 많았고 지금도 많은 가운데 그나마 진보정당은 분열되고 실사구시가 부족한 데서 온 필연적 결과였다.

먼저 적잖은 진보들이 독자적인 정치 세력화를 외면한 사실부터 짚어보자. 1970년대와 80년대에 민주화운동에 나선 사람들에게 기존 정치권, 특히 김영삼-김대중 두 김씨의 영향력은 강력했다.

13 기실 그 가장 큰 원인을 우리 모두 알고 있다. 진보정치 세력은 한국 정치의 결정적 요인인 언론정치(조중동의 틀)와 그 언론이 부추겨온 지역정치의 도움을 받을 수 없었으며, 오히려 색깔론에 의한 배제 정치의 대상이었다. 반면에 박근혜는 지역과 색깔에 근거하고 언론권력의 도움을 받아 급성장했다. 진보의 주체적 요인을 분석하는 이 책이 객관적 요인을 계속 짚고 가는 이유는 그만큼 그 요인이 크고 진보의 미래를 구상할 때도 염두에 둬야 하기 때문이다. 지금도 언론개혁을 민중운동과 별개의 문제로 여기는 진보가 있기에 더욱 그렇다.

기실 1987년 6월항쟁은 김영삼–김대중 두 김씨가 군부독재의 정치적 대안으로 구심점이 될 수 있었던 동시에 아래로부터 광범위한 국민적 참여가 있었기에 가능했다. 두 김씨와 아래로부터 국민적 참여 가운데 어떤 것이 6월항쟁에 더 결정적 요인이었는가는 판단하기 쉽지 않다. 하지만 역사적 가정을 해보면 판단은 의외로 쉽다.

만일 두 김씨가 없었다면, 어떻게 되었을까. 대통령 투표권도 없었던 국민들은 내내 숨죽이며 살았을까? 아니다. 시간은 더 걸렸겠지만 우리 국민은 언젠가 대통령 직선제를 쟁취했을 게 틀림없다. 반대로 국민적 참여가 없었다면, 어떻게 되었을까? 말할 나위도 없이 두 김씨를 비롯한 야당 정치인들만으로 6월항쟁은 불가능했다.

두 김씨의 정치적 상징성을 과소평가할 생각은 전혀 없지만 아래로부터의 국민적 참여가 얼마나 중요한가를 새삼 깨달을 수 있다. 여기서 우리가 잊지 말아야 할 사실이 있다. 우리 국민이 오랜 세월에 걸쳐 벌여온 민주화 투쟁에 적극 앞장섰던 사람들이 바로 진보세력이라는 사실이다. 특히 노랫말 그대로 "사랑도 명예도 이름도 남김없이" 민중운동에 헌신해온 사람들이 있었다.[14]

박정희–전두환으로 이어지는 군부독재 체제에서 진보세력이 정당을 만드는 일은 원천적으로 불가능했다. 6월항쟁으로 열린 정치공간에서 비로소 진보정당을 만들려는 움직임이 일어났다. 자연스

14 진보세력이 국가 발전에 밑거름이 된 것은 엄연한 역사적 사실이다. 심지어 뉴라이트의 대표이자 이데올로그인 안병직조차 "한국의 중화학공업화는 인혁당의 희생뿐만이 아니라 80년의 광주학살이라는 비극을 딛고서야 완성될 수 있었다"고 회고할 정도다. – 〈데일리안〉 2011년 5월 26일 인터뷰.

러운 일이었다. 그러나 김영삼–김대중 두 김씨의 정치적 영향력이 컸던 상황에서 진보세력이 독자정당을 꾸려나가는 데는 어려움이 컸다.

문제는 두 김씨가 양보하지 않고, 심지어 김대중이 '4자 필승론'으로 두 김씨가 모두 출마할 때 자신이 당선된다는 논리를 폈을 때다. '1노 3김'이 모두 지역을 기반(노태우는 대구–경북, 김영삼은 부산–경남, 김종필은 대전–충청, 김대중은 광주–호남)으로 표를 얻을 것이기에 수도권에서 이기는 후보가 승자가 될 수 있는데 바로 자신이라고 김대중은 판단했다.

게다가 1980년대에 민중운동을 이끌어온 진보진영의 명망가들, 특히 민주통일 민중운동연합(민통련)이 '비판적 지지론'으로 김대중 지지를 선언하고 나섰다. 1971년 대선에 출마할 당시에 40대 김대중이 진보적 경제학자 박현채와 함께 『대중경제론』을 쓴 이후 그는 진보적 지식인들 사이에서 실체 이상으로 진보적이라는 평가를 받고 있었다. 그 말은 그를 폄훼하려는 의도가 아니다. 있는 그대로 정치인 김대중을 보아야 옳았다는 뜻이다.

결국 노태우가 집권함으로써 두 김씨에 대한 책임론이 거세졌다. 김대중–김영삼은 그 위기를 각각 '외부 수혈'로 넘어섰다. 국회의원 공천권을 독점하고 있던 두 사람은 1988년 총선부터 진보진영에서 활동하던 사람들을 '영입' 했다. 그 후 김영삼은 민자당과 합당한 뒤 상대적으로 줄어들었지만 김대중은 1992년, 1996년, 2000년 총선과, 재보선, 지방선거에서 '수혈'을 이어갔다. 4월에서 8월까지 진보의 적잖은 사람들이 '젊은 피'로 들어갔다.

김대중의 수혈은 다시 진보 내부에 비판적 지지자들을 확대시켰다.[15] 진보 내부의 명망가들이 '현실'을 내세워 민주당으로 들어갔고 서슴없이 '진보정당 시기상조론'을 폈다. 그들이 편 시기상조론에도 나름대로 논리가 있기에 이해할 수 있다. 문제는 시기상조론을 주장했던 사람들 대다수가 국회의원이나 공직에 오른 뒤 태도가 달라진 데 있다. 시기상조를 주장—물어보지도 않았는데 내게 4년 뒤엔 진보정당을 약속한 사람들도 있다—하며 국회로 들어간 뒤 20년이 지난 오늘에도 진보정당의 독자 세력화를 외면하는 모습은 납득하기 어렵다. 과연 그들이 독자적인 진보정치 세력화의 필요성을 한 번이라도 진정으로 절감하고 있었을까에 회의적인 판단을 할 수밖에 없는 이유가 여기 있다.

더구나 김영삼의 권유로 국회의원이 된 시기상조론자들은 어느새 한나라당을 거쳐 새누리당의 수구적 행태를 '선도'하는 풍경마저 보이고 있다. 1970년대 남민전에 소속되어 있었고 6월항쟁 직후에 민중당의 최고 지도부였던 이재오와 노동운동가 김문수의 오늘이 대

15 모든 수혈자 또는 비판적 지지자들이 '자리' 욕망이 있어서만은 아니겠지만 민주당이 줄 수 있는 '공직'은 많다. 국회의원이나 지방자치단체장 자리만이 아니다. 집권당일 때는 말할 나위 없고, 야당이더라도 국회에서 원내 교섭단체를 확보한 정당들이 주선할 공직은 결코 적지 않다. 언론에 한정해 보더라도 야당 몫의 방송통신위원, 공영방송 이사들을 비롯해 여러 자리가 있다. 민주당으로선 그 자리를 통해 시민운동단체와 진보를 '통제' 할 수 있고 심지어 '줄 세우기'를 할 수도 있다.

표적 보기다. 이명박 정부의 '실세'이던 이재오와 김문수는 2012년 12월 대선에서 새누리당 후보로 나서겠다고 선언도 했다. 두 사람의 모습에서 1990년대의 시기상조론 논리는 흔적조차 찾아보기 어렵다.

결국 적잖은 사람들이 김대중-김영삼의 정치적 자장에 빨려 들어가면서 진보의 독자적 정치 세력화에 힘이 실리지 못했다. 더구나 김대중-김영삼에 수혈된 '진보'들은 자신들의 선택을 정당화하기 위해서라도 진보정치 세력과 정치적 거리감을 두거나 심지어 독자적 정치 세력을 따돌려온 게 엄연한 현실이다.

6월항쟁 이후 곰비임비 등장한 새로운 미디어들도 독자적 정당을 추구해온 세력보다 비판적 지지론과 시기상조론에 기우는 경향을 보였다. 제도 정치권의 강력한 자장은 지금도 진행형이다.

진보정당의 분열

비판적 지지론과 진보정당 시기상조론을 근거로 많은 진보 명망가들이 김대중과 민주당으로 합류하는 상황에서도 독자적 정치 세력화를 이루려는 노력은 끊임없이 이어졌다.

두 김씨의 권력 욕심으로 노태우 정권이 들어서면서 진보정당을 창당하려는 움직임은 더 정당성을 얻었다. 1987년 대통령선거에서 백기완 후보 선거운동을 벌였던 사람들과 노동운동, 농민운동을 벌였던 사람들이 뜻을 모아 1988년 2월에 발기인 279명으로 '민중의 당' 창당 발기인 대회를 열었다. 3월 6일 창당을 하고 4월 총선에서 16개 지역구에 후보를 냈지만, 모두 낙선했고 득표율도 0.33퍼센트에 그쳐 결국 해산됐다.

민중의 당과 같은 시기에 김영삼-김대중의 단일화 실패 책임을 물어 두 사람의 정계 은퇴를 요구하며 출범한 '한겨레민주당'은 63명이 출마했다. 1석을 얻었지만 그 당선자는 한겨레민주당에 대한 충성도가 약했고 전국 득표율 또한 1.4퍼센트에 머물러 흐지부지 해산했다.

민중의 당과 한겨레민주당의 실험을 거치면서 다시 진보정당을 내오려는 흐름은 민중당 창당으로 이어진다. 1990년 11월 10일 민중당이 창당되고, 1991년 12월에는 노동 현장에서 사회주의운동을 펴오던 활동가들이 중심이 되어 '한국 노동자정당 건설추진위원회'가 발족했다. 두 세력이 민중당으로 통합해 1992년 총선에서 51명의 후보를 냈다. 하지만 민중당 또한 당선자를 내지 못했고, 전국 득표율도 1.5퍼센트에 머물러 법적 해산을 당했다. 참담한 선거 결과 앞에서 진보정치 세력은 다시 분열되고 민중당 지도부의 다수는 김영삼을 좇아 신한국당으로 옮겨갔다.

진보정당을 내오자는 움직임은 1997년 12월 대선을 앞두고 다시 나타났다. 진보진영의 독자 후보를 내보자는 데 공감하는 사람들이 모이기 시작했다. 1997년 6월부터 민주노총과 전국연합을 중심으로 시민사회 단체들이 회의를 거듭한 뒤 '국민후보운동 추진기구'를 띄우는 데 합의하고 9월에 '국민승리21' 준비위원회를 결성했다. 민주노총과 전국연합이 가세함으로써 과거의 진보정당 실험과는 무게가 달랐다.

그런데 선거운동 과정에서 김대중 후보가 당선될 가능성이 보이자 전국연합 다수가 '비판적 지지'로 돌아섰다. 게다가 민주노총 조합원들조차 위원장 출신인 권영길 후보보다 김대중 후보에 투표한 사람들이 많았다. 결국 김대중 후보가 당선되면서 대한민국 헌정 사상 첫 평화적 정권 교체를 이뤘지만 진보정당 실험은 다시 실패했다.

선거 결과는 참담했지만 국민승리21은 창당을 포기하지 않았다. 민주노총 집행부도 국민승리21이 정치 조직으로 전환해야 하며 이를 조직적으로 지원하겠다고 결의했다. 마침내 2000년 1월 민주노동당[16]이 선보였다. 창당 선언문은 "민주노동당 창당 정신에는 지난 한 세기 동안 이어져 온 한국 민중의 민족해방, 민주주의, 평화통일, 평등사회를 향한 투쟁의 역사가 깊이 새겨 있다. 민주노동당은 노동자·농민·빈민·중소상공인의 정당이며, 여성·청년·학생·진보

16 민주노동당의 당명은 정당 사상 처음으로 수천 명 발기인이 직접투표로 결정했다. 1차 투표 결과, 민주진보당이 364표, 통일민주진보당이 339표, 민주노동당이 283표였다. 모두 과반수에 미달해서 2차 투표를 했다. 민주진보당이 탈락한 3차 투표에서 통일민주진보당이 민주노동당을 앞섰으나 역시 과반수 미달이었다. 4차 결선투표에서 민주노동당 651표, 통일민주진보당 611표가 나왔다. 당시 민주노동당이라는 당명을 부담스러워했던 사람들은 조선노동당이나 민주노총당을 떠올리게 한다는 주장을 폈다. 민주노동당의 당명을 선호했던 사람들 다수가 평등파였다는 사실도 흥미롭다.

적 지식인의 정당"이라고 자임했다.

하지만 민주노동당의 첫 총선 결과도 참혹하긴 마찬가지였다. 출마한 21명 모두 떨어졌고 득표율도 1.18퍼센트에 지나지 않았다. 민주노동당과 별도의 진보정당으로 총선에 참여한 사회당도 참패했다.

그나마 민주노동당 뒤에는 민주노총의 조직적 지지가 있었기에 선거 패배의 충격으로 곧장 해산하는 일은 일어나지 않았다. 민주노동당은 꿋꿋하게 자기 길을 걸어갔다. 무엇보다 민주노동당이 '1인 1표 전국구제'에 위헌을 신청해 헌법재판소가 이를 받아들이면서 국회의원 선거와 지방선거에서 정당명부 투표를 도입하는 변화를 일궈냈다.

2002년 지방선거에서 민주노동당은 218명이 출마해 노동자들이 밀집한 도시인 울산에서 두 명의 구청장을 비롯해 전국에서 광역의원 11명, 기초의원 32명의 당선자를 냈다. 더구나 처음 도입된 정당명부 투표에서 8.13퍼센트를 얻었다. 그 선거를 계기로 민주노동당은 단숨에 제3당으로 떠오르며 인지도가 높아지기 시작했다. 이어 그해 12월에 치른 대통령선거에서 민주노동당 권영길 후보는 부유세와 무상교육, 무상의료를 공약했다. 미군 철수와 농정개혁을 비롯해 21대 과제도 내놓았다. 선거 결과는 95만 7,148표, 득표율 3.9퍼센트였다. 선거 막판에 사표 방지 심리로 노무현 후보에게 옮겨간

'진보 표'를 감안하면 적잖은 성과였다.

마침내 총선 사상 처음으로 정당명부 투표가 도입된 2004년 선거에서 민주노동당은 정당명부 지지율 13.03퍼센트로 얻은 8석과 창원, 울산 지역구에서 당선된 2석을 합쳐 10석을 확보했다. 진보정당이 4월혁명 이후 44년 만에 국회에 진출함으로써 한국 정치사의 새로운 장을 연 선거였다. 민주노동당의 지지율은 그해 7월에 21퍼센트까지 치솟았고 심상정과 노회찬의 지명도는 높아갔다.

그 21퍼센트가 민주노동당이 얻은 최대한의 지지율이었다. 2006년 지방선거에서 민주노동당은 참패했다. 지역과 색깔과 언론이 지배하는 한국 정치의 소통 구조라는 원천적 한계도 있었지만, 민주노동당 지도부의 한계도 또렷했다. 외연을 넓히는 데 소홀했고, 대중적 인지도가 높은 후보를 발굴하려는 열정도 보이지 않았다. 정당지지율은 12.1퍼센트로 2002년 지방선거(8퍼센트)에 비해 올라갔지만 노동자 밀집 지역인 울산에서도 구청장 자리를 잃었다.

민주노동당의 패배에 대해서는 당 안팎에서 여러 분석이 나와 있는데 공통점이 있다. 국회의원이 10명 탄생하면서 당의 위상이 달라지고, 그만큼 기득권이 생겨 '자리'를 둘러싼 갈등이 불거졌기 때문이라는 비판이 그것이다. 자리를 둘러싼 경쟁은 실제 당 내부의 선거나 당 대회에서 의결 과정을 통해 증폭되었고, 그것은 자주파와 평등파 사이의 대립으로 나타나기 일쑤였다. 그 결과 당 내부에서 "정파적 인신공격"이 난무했고 선거를 통해 갈등은 무장 커져갔다.

특히 2007년 대통령 후보를 뽑는 당내 경선 과정에서 정파 사이의 갈등은 위험한 수준까지 표면화됐다. 대선 결과 5년 전보다 득표율이 낮은 것으로 나타나자 선거운동 과정에서 내연하던 갈등이 마침내 폭발해 '종북' 논쟁으로 표면화하기에 이르렀다.[17]

결국 민주노동당은 2008년 4월 총선을 앞두고 쪼개졌다. 민주노동당의 종북주의를 거론하며 당을 나간 정치인들은 진보신당을 만들어 총선에 나섰다. 결과는 참담했다. 총선을 앞둔 분열에 국민의 눈길은 차가웠다. 민주노동당은 지역에서 권영길-강기갑 2석, 비례대표 3석을 확보하는 데 그쳤다. 과거의 10석과 견주면 반 토막, 큰 후퇴였다.

진보신당은 더 참혹했다. 심상정과 노회찬이 지역구에서 선전했으나 석패했고 정당명부에서도 의석 확보에 실패했다. 역사적 가정, 특히 정치사에서 가정이 얼마나 의미가 있을지는 미지수이지만, 적어도 분당에 나서지 않았을 때 2004년 총선의 결과가 어떻게 되었을까 짚을 필요가 있다.[18] 바로 그 점에서 민주노동당의 분당 과정은 모든 진보에게 허심탄회한 성찰을 요구한다.

국민승리21을 만들던 바로 그 시기에 정치에 복귀한 박근혜가 그

17 종북주의 논쟁은 2007년 12월 대선이 끝난 뒤에 민주노동당 내부에서 지도부를 겨냥해 제기되면서 진보정당 안팎에 큰 충격을 주었다. '친북'이란 말도 색깔 공세로 다가오는 한국 정치판에서 '종북'이라는 말을 당 내부 인사가 공개적으로 말하면서 당시 민주노동당의 내분은 돌이킬 수 없는 분열로 치닫고 있었다.

18 이명박의 당선과 정동영의 참패 직후 민주당의 상황을 고려하면 당시 민주노동당이 분당 없이 힘을 모아 총선에 들어갔을 때 원내 교섭단체(20석) 확보도 가능했다고 나는 판단한다. 당시에 그런 분석을 담은 글도 썼다. 역사에 가정은 속절없는 짓이지만 만일 그때 민주노동당이 원내 교섭단체를 확보했다면 그 이후의 한국정치사는 사뭇 달랐으리라고 판단하기에 아쉬움이 크다.

뒤 놀라울 정도로 급성장한 사실과 견주면 분열로 귀결된 진보정당의 실패는 더욱 아플 수밖에 없었다. 민주노동당의 분당과 진보신당의 창당은 단순히 정당정치의 분열로 그친 게 아니다. 자주를 중시하는 정파와 평등을 중시하는 정파가 분당해 각각 당을 꾸려가면서 두 정파 사이의 갈등은 노동운동과 학생운동, 시민운동으로 파급되어 재생산되는 살풍경을 드러냈다. 분당 뒤 진보 안팎에서 대통합의 여론이 형성되고 실제로 통합 움직임이 힘을 얻으며 구체화했다.

진보 대통합 운동

진보정당이 하나로 거듭나야 한다는 주장을 10년 넘도록 해오면서 나는 진보진영 내부에서 '대동단결론자'라는 핀잔을 받았다.

내가 진보 대통합을 본격적으로 거론하기 시작한 것은 전국언론노동조합 위원장 대행으로 일하면서 언론개혁시민연대(언론연대)를 창립하고 〈한겨레〉에 복귀한 뒤 1999년부터 '손석춘의 여론읽기'라는 기명칼럼을 쓰면서였다. 2000년 4월 총선에서 민주노동당과 사회당[19]이 같은 지역구에서 나오는 경쟁까지 벌이며 죄다 참패하는 사태를 지켜보았기 때문이다.

가령 칼럼 '한 줌과 두 당'(2001년 12월 12일)에서 "대한민국 수구세력의 살천스런 눈으로 보자"며 다음과 같이 썼다.

19 사회당은 1998년 '청년진보당'으로 창당된 진보정당이다. 민주노동당의 '대중 정치'와 다른 '계급 정치'를 강조하며 '청년 좌파'를 내걸고 2000년 총선에 참여했다. 2001년 8월에 '사회당'으로 이름을 바꾸고 '반자본주의, 반조선로동당'을 내세웠다. 자주파와 출발부터 선을 그은 셈이다. 2012년 4월 총선을 앞두고 진보신당과 통합했다.

"가관 아닐까. 아니 더 정직하자. 민중의 살가운 눈으로도 그렇다. 흔히 진보세력은 수구세력을 한 줌도 안 된다고 경멸해왔다. 기실 옳은 말이다. 하지만 현실과 당위는 다르다. 80 대 20으로 나누어 80퍼센트의 민중을 대변했다는 당이 지난 대통령선거에서 얻은 민중 표는 얼마였는가. 그나마 다음 대선에선 두 당으로 나선다? 아니다. 더 이상 진보정치 세력이 희화화될 순 없다. 가슴이 뜨거울수록 미덕은 차가운 이성이다. 오늘 진보정치 세력은 수구세력에겐 '한 줌'이다. 그럼에도 조각조각이다. 반면 수구세력의 한 줌은 어떠한가. '강철대오'다."

하지만 두 당은 하나로 거듭나지 않았다. 2004년 총선에서 민주노동당이 10석을 얻어 국회에 진출하면서 사회당과의 통합은 멀어져갔다. 민주노동당 지도부로선 사회당과 통합할 필요가 없다는 판단이 섰을 터다.

문제의 핵심은 민주노동당이 한국 근현대사에서 축적된 진보 역량을 모두 모아내지 못하는 데 있었다. 김대중 정부에 이어 노무현 정부에서도 부익부 빈익빈이 계속되고 비정규직이 무장 늘어남으로써 진보정당의 가능성은 객관적으로 높아가고 있었지만 민주노동당과 사회당은 진보정당으로서 시대적 요구에 부응하지 못했다.

그래서였다. 마침 신문사를 나와야 할 상황[20]이었기에 진보세력의 국정 청사진을 마련하자는 목표로 싱크탱크를 세웠다. 2005년

20 2004년 11월 〈한겨레〉는 경영 위기를 돌파하기 위해 '구조조정'에 들어갔다. 기명칼럼으로 이른바 '희망퇴직'과 '구조조정'의 신자유주의 체제를 앞장서 비판해온 나로선 언행일치가 필요했다. 구조조정을 추진한 쪽에서 만류가 있었지만 사내 게시판에 "다시는 〈한겨레〉에서 구조조정이 있어서는 안 된다"는 요지로 글을 남기며 사표를 썼다.

새로운사회를여는연구원(새사연) 준비위원회를 결성하고 2006년 2월 공식 출범했다. 진보가 집권할 때 실천에 옮길 수 있는 구체적인 정책 대안을 내걸고 진보세력이 민중에게 다가서야 한다고 판단했고 또 그런 논리로 회원들을 모았다.

그런데 진보정당의 통합은커녕 앞서 살펴보았듯이 2008년 4월 총선을 앞두고 그나마 민주노동당도 분열했다. 진보적 지식인 다수가 분당을 지지했기에 민주노동당이 쪼개지는 과정에서 나는 평소 '우군'으로 생각했던 논객들과 정면으로 부닥칠 수밖에 없었다.[21]

민주노동당이 쪼개질 때 한국의 정치 여건에서 모두 패배할 수밖에 없다고 판단했기에 끝까지 분당을 반대했지만 역부족이었다. 2008년 2월에 한국노동사회연구소에서 열린 토론회에서 "분당파들이 끝까지 결행하겠다면 어쩔 수 없다, 하지만 다시 통합 움직임이 일어날 수밖에 없을 것이다, 고통받는 민중이 그것을 요구할 것이기 때문"이라고 전망했다.

분당파들의 기대와 달리 진보신당과 민주노동당 모두 참패한 2008년 총선에서 한나라당은 과반의석을 확보했다. 이명박 정권은 그 뒤 신자유주의 정책을 가속화했고, 남북관계를 악화시키는 정책을 펴나갔다. 남북 관계를 파탄시키는 이명박 정권의 정책을 견제하거나 저지하는 힘은 민주노동당 내부에서 불거진 '종북' 논란으로 크게

21 특히 민주노동당의 "문화는 광신자 집단이나 사교(邪教) 집단의 그것에 가깝다"고 공개적으로 비난하거나, 심지어 "위를 가득 채운 기생충들에게 잠시 대장 쪽으로 내려가 있으라 하는 것으로 해결될 문제가 아니다. 민주노동당의 문제는 기생충의 수가 너무 많아 숙주의 생명을 위협할 지경에 이르렀다는 것"이라며 자극적인 언사로 분당을 촉구한 지식인들에게 글로 살아가는 사람이 지녀야 할 '자세'를 거론했다. 물론, 자주파에게 얼마든지 조롱 또는 '저주'를 퍼붓는 것도 지식인의 자유이자 특권일 터다. 하지만 스무 살 안팎부터 중년이 된 오늘까지 우유 배달을 해가며 민중 현장에서 지금 이 순간도 애면글면 일하고 있는 수많은 민주노동당의 활동가들이 있다. 나는 그들에게 '연탄재' 함부로 차듯이 폭언을 퍼붓는 지식인들에게 겸손을 요구했고 지금도 그 생각에 변함이 없다.

약화될 수밖에 없었다.

이명박 정권이 민주주의와 서민경제, 남북관계를 파탄시켜가는데도 두 차례나 집권한 경험이 있는 민주당의 지지율이 올라가지 않고 정권 교체의 전망이 보이지 않는 상황은 진보 대통합의 시대적 요구로 나타났다. 2010년 8월 진보 대통합을 목적으로 한 〈복지국가와 진보대통합을 위한 시민회의〉(진보대통합 시민회의)가 창립되었고, 나는 공동대표로 참여했다. 정치색 짙은 단체를 창립하는 데 공동대표로 나섰던 이유는 두 가지였다.

첫째, 진보적 시민운동을 진보정당으로 모아낼 수 있는 가능성이 보였기 때문이다. 진보대통합 시민회의의 창립 준비과정에 이학영 YMCA전국연맹 사무총장이 적극 나서 그 가능성을 높여주었다. 이학영은 창립 준비 과정에서 〈오마이뉴스〉와 인터뷰하며 다음과 같이 말했다.

"나는 시민운동가 10명이면 문국현 씨가 단기필마로 일으켰던 새로운 바람을 일으킬 수 있다고 생각한다. 그들이 새로운 정당운동에 희망을 줄 수 있을 것이라고 본다. 솔직히 나는 내가 진보주의자인지 모르겠다. 그러나 적어도 내가 믿고 투표할 수 있는 정당 하나, 내 생전에 보고 싶다. 마지못해 던지는 한 표가 아니라 내가 정말 찍어주고 싶어서 찍는 정당이 있었으면 한다. 이런 정당이 나와 주길 바라는데, 안 나오니까 나라도 좀 거들어보겠다는 게다."

시민운동가 10명이면 문국현을 넘는 바람이 가능하다는 이학영의 발언에 나는 공감했다. 실제로 이학영은 시민단체운영회의를 통해 참여연대와 시민행동, 민변, 여성단체연합의 시민운동가들과 정기적으로 만나고 있었기에 가능성도 높다고 판단했다.[22]

둘째, 민주노동당 지도부는 물론 진보신당의 지도부(조승수, 심상정, 노회찬)와 두루 안면이 있기에 두 당이 통합에 소극적일 때 내가 진보대통합 시민회의 공동대표의 직책으로 그들을 적극적으로 설득할 수 있으리라고 판단했다.

진보대통합 시민회의는 발족 뒤 돈을 모아 〈한겨레〉와 〈경향신문〉에 전면광고를 내고 진보 대통합의 불을 지펴갔다. 그 시기 나는 전국 곳곳에 강연을 다니며 통합정당의 일차적 목표가 2012년 4월 총선에서 원내 교섭단체(20석) 확보라고 설명했다. 원내 교섭단체만 확보하면 2012년 12월 대선에서 새로운 변화가 가능하다고 희망을 피력했다. 특히 영남과 호남 지역의 민중들에게 이제는 지역 정당에서 벗어나 진보정당을 키워야 한다고 강조했다.

또한 서울역과 광화문, 대학로 가두선전전에도 참여하며 진보 대통합의 필요성을 강조하는 글을 써나갔다. 가령 '이정희, 조승수, 77

22 결과적으로 시민운동가들과 촛불 시민들의 진보정당 합류를 목적으로 만든 진보대통합 시민회의는 시민운동가들을 끌어들이는 데 실패했다. 시민회의 공동대표로서 이학영과 내가 만났던 시민운동가 대다수는 진보정당에 뜻을 두고 있지 않았다. 실제로 그들은 진보통합 과정에 참여하지 않았고, 2012년 4월 총선에서 민주통합당에 공천을 신청했다. 물론, 여기에는 시민운동가들을 끌어들이려는 민주노동당 당권파의 적극적인 노력이 없었던 데서도 원인을 찾아야 옳다. 하지만 분명한 것은 시민운동가들에 끼치는 민주당의 자장 또한 강력했다는 사실이다. 더구나 시민회의 내부는 진보 대통합을 일궈내는 과정에서 국민참여당의 문제를 놓고 갈등을 빚었다. 이학영을 비롯해 다수가 국민참여당의 참여에 적극적이었던 반면에 나는 민주노동당과 진보신당이 먼저 합당을 결의한 뒤 두 당의 당원들이 공감하는 과정을 거쳐 국민참여당을 받아들여야 한다고 판단했다. 하지만 소수였다.

살 촛불' 제하의 칼럼(2010년 9월 27일 오마이뉴스)에서 "진보정치가 대통합을 이루려면 정치인들이 마음을 비워야 한다"는 길거리 시민의 말을 인용하며 민주노동당의 '이정희 체제'와 진보신당의 '조승수 체제'에게 진보 대통합에 적극 나설 것을 주문했다. 아울러 "시민회의가 제안하는 진보 대통합의 대상이자 주체는 두 진보정당만이 아니다. 신자유주의 체제와 분단체제를 넘어서려는 모든 정치 세력이다. 특히 기존의 정당들이 담아내지 못했던 민주 시민들이다. '진보정치 하나로!' 서명과 가두선전전이 절실한 이유"라고 강조했다.

실제로 진보대통합 시민회의는 대통합의 여론을 형성하는 데 기여했다. 대통합을 위한 연석회의가 구성되고 연석회의에는 민주노동당과 진보신당은 물론, 사회당, 전국민주노동조합총연맹, 전국농민회총연맹, 전국여성농민회총연합, 반빈곤 빈민연대, 빈민해방실천연대, 전국빈민연합, 전국여성연대, 진보교연, 한국청년연대, 그리고 진보대통합 시민회의가 참여했다.

하지만 연석회의의 진행 과정은 순조롭지 못했다. 특히 대북 문제를 놓고 갈등이 컸다. 가령 사회당은 "북핵과 3대 세습에 명확한 반대를 당 강령에 명문화해야 한다"고 강조하며 한 치도 양보할 뜻을 보이지 않았다. 자칫 연석회의가 깨질 위기에 있을 때 〈경향신문〉에 기고한 칼럼(2011년 5월 24일 자) "진보 대통합이 섬길 대상은 민중이다"에서 나는 먼저 통합의 원칙을 설명했다.

"진보 대통합은 특정 정파의 이념을 위해서가 아니다. 특정 정파의 패권을 위해서도 아니다. 진보세력 개개인의 '자리'를 위해서는 더욱 아니다. 진보 대통합이 절실하고 절박한 이유는 국민 대다수인 민중의 고통이 무장 커져가는 데도 도통 희망이 없어서다. 시장 만능의 신자유주의가 15년째 민중의 삶을 꼭뒤 누르고 있다. 이명박 정권이 들어서서 부자 감세에 더해 남북 갈등의 증폭으로 신자유주의와 분단체제의 폐해는 더 전면화하고 있다. 그렇다면 해법은 간단하다. 신자유주의와 분단체제를 넘어서자는 데 동의하는 모든 사람이 그 최소 강령으로 뭉쳐야 옳다."

이어 가장 큰 쟁점인 대북 문제에서 분단체제를 넘어서자는 최소 강령에 만족하지 않는 세력에게 다음과 같이 제안했다.

"이해할 수 있다. 하지만 이른바 '종북 논쟁'으로 당이 쪼개진 경험을 진보세력은 공유하고 있다. 따라서 통합의 자리에선 조심스러운 접근이 필요하다. 자신이 '종북'으로 시험받고 있다거나, 딴살림 차릴 명분만 찾는 '종파'로 경멸받고 있다는 판단이 든다면 통합은 어렵다. 남과 북의 신자유주의와 국가사회주의 체제의 한계를 넘어선 새로운 사회를 당면 목표로 삼고 두 체제의 잘잘못을 따져가자는 데까지 합의한 상황에서 대북 문제로 진보 대통합이 파국을 맞는다면, 우스개가 될 수 있다. 더구나 남쪽 진보세력에게 선결 과제는 민중의 고통이다. 신자유주의를 넘어서자는 데 합의한 '동지'들이 대북 문제로 통합을 이루지 못한다면 그 자체가 분단체제의 굴레다. 신자유주의와 분단체제를 넘어서자는 최소 강령, 아니 최적 강령으로 진보 대통합을 이룬 뒤 어떤 경제 정책, 어떤 통일 정책을 펼 것인가를 실사구시의 자세로 섬세하게 만들고 국민 앞에 내놓는 게 집권을 꿈꾸는 대안 정당이 걸어갈 길이다."

마침내 2011년 5월 31일. 연석회의에 참석한 대표들은 전격적으로 통합에 합의했다. 진보 대통합운동이 열매를 맺은 셈이다. 물론, 그 시점에서도 통합이 구현되는 데는 여러 장애 요인이 있었지만 적어도 큰 흐름을 막을 수는 없다고 나는 판단했다. 아니 기대했다.

3 소통 | 모든 진보의 첫 마음

통합진보당의 실패

2011년 5월 31일. 〈진보정치대통합과 새로운 진보정당 건설을 위한 진보진영 대표자 연석회의〉가 진보 대통합에 뜻을 모은 '최종 합의문'은 역사적 의미가 있을뿐더러 지금 활동하고 있는 진보세력이 합의한 문건이기에 찬찬히 정독할 가치가 있다.

연석회의는 "노동자, 농민, 서민들과 시민사회의 열망에 부응"하기 위해 통합에 합의한다면서 '진보정치 대통합으로 설립될 새로운 진보정당'은 "우리나라와 세계 변혁운동의 이상과 역사적 성과를 비판적으로 계승하고 자본주의의 한계와 폐해를 극복하며 진정한 자유, 평등, 자주, 평화, 복지, 생태, 인권, 소수자 권리 등 다양한 진보적 가치를 구현하는 새로운 대안사회를 건설하는 진보정당"이라고 규정했다.

합의문은 대북 문제와 관련해 '진보정치 대통합으로 설립될 새로운 진보정당'은 "한반도 비핵평화체제와 자주적 평화통일을 실현하고, 남한 자본주의와 북한 사회주의의 한계를 넘어서는 인간 존중, 노동 존중의 새로운 사회를 건설하는 진보정당"이라고 밝혔다. 자주파와 평등파의 뜻을 두루 담아내기 위한 고투가 합의문에 담겨 있다는 사실을 진보라면 쉽게 간파할 수 있을 성싶다. 통합에 가장 큰 난관이었던 '북핵과 세습 문제'에 대해 합의문은 다음과 같이 정리했다.

"우리는 '진보정치 대통합으로 설립될 새로운 진보정당'이 북한 당국을 한반도 평화와 자주적 평화통일의 상대방으로 인정하되, 남과 북 정부 모두에 대해 자주적 태도를 견지하는 정당임을 분명히 하며, 대북 문제와 한반도 평화에 대해 다음과 같은 입장을 견지할 것에 합의한다.

1. '진보정치 대통합으로 설립될 새로운 진보정당'은 북한에 대한 미국과 남한의 가중되는 압박과 북한의 핵 개발 등으로 조성된 한반도의 군사적 대결 상태를 극복하고, 항구적인 한반도 및 동북아 평화체제를 구축하기 위해 한반도 비핵화, 종속적 한미동맹체제의 해체, 주한미군의 단계적 철수, 휴전협정의 평화협정으로의 대체, 남한의 선제적 군비 동결과 남북 상호 군비 축소, 동북아 다자 안보체제의 구축 등을 적극 추진한다.

2. '진보정치 대통합으로 설립될 새로운 진보정당'은 남과 북 어느 정부의 정책이든 한반도 평화와 자주적 평화통일에 기여하는 정책 및 민주주의와 인권, 생태 등 각 분야의 진보적 가치를 신장시키는 정책은 지지 지원하고, 한반도의 긴장을 고조시키고 자주적 평화통일에 반하는 정책은 비판하는 정당이다. 새로운 진보정당은 6·15 정신에 따라 북의 체제를 인정하고, "북의 권력 승계 문제는 국민 정서에서 이해하기 어려우며 비판적 입장을 밝혀야 한다"는 견해를 존중한다.

3. '진보정치 대통합으로 설립될 새로운 진보정당'은 자주적 평화통일을 달성하기 위해 항구적인 평화체제의 구축과 남북한의 전면적인 화해협력 추구를 대북정책의 최우선적 과제로 삼는다."

진보대통합 정당을 만들자는 연석회의의 합의는 밝은 전망을 주었다. 비록 참여 조직 가운데 유일하게 사회당이 동의하지 않고 철수했지만 합의문대로 새로운 진보정당이 건설된다면 큰 의미가 있을 게 분명했다. 문제는 합의문 뒤 민주노동당 당권파와 진보신당 독자파의 움직임이었다.

먼저 민주노동당을 주도한 당권파들이다. 그들은 연석회의 서명 조직도 아닌 국민참여당과의 합당을 우선하는 모습을 보여 진보신당 쪽을 크게 자극했다. 연석회의에 참여한 진보교연을 비롯한 많은

단체들이 민주노동당 당권파에게 자제를 촉구했지만 전혀 받아들이지 않았다.[23]

문제를 풀어가기 위해 나는 진보교연 김세균 대표에 이어 국민참여당 유시민 대표를 새로운사회를여는연구원이 마련한 대담 자리에 초청해 그가 진정으로 신자유주의를 넘어서자는 데 동의하는지 확인해보았다. 유감스럽게도 확신할 수 없었다. 가령 유시민은 국민참여당의 강령 가운데 "적극적인 대외 개방으로 선진 통상국가를 구현"하며 "기업 설립의 요건을 단순화하고, 기업 활동에 부당하게 개입하지 않으며…… 기업하기 좋은 환경을 보장한다"는 대목과 신자유주의 반대가 일치하는가에 대해 질문하자 다음과 같이 말했다.

"그 강령을 문제 삼는 이유를 모르겠어요. 그럼 기업을 불편하게 만들고, 기업 활동의 자유를 제약하고, 기업 활동에 정치권력이 간섭하는 것이 옳은 사회인가요? 우리나라는 헌법에서 자유시장경제를 경제의 기본 질서로 채택하고 있습니다."

유시민은 또 한·미FTA에 대해서도 "모든 FTA가 악인 것도 아니고 모든 FTA가 선도 아닙니다. 양자 간의 쌍무적인 무역장벽 철폐, 즉 관세·비관세 무역장벽을 낮추는 문제는 협상을 해나가는 과정에서 국민들의 알 권리가 충족되는 가운데 국민 대표 기관들의 동의와 상의를 충분히 밟아나가야 합니다. 또 열세에 있는 산업들이 피해를

23 진보교연(진보정치세력의 연대를 위한 교수 연구자 모임, 대표 김세균)은 2011년 6월 13일 특별 결의문을 통해 민주노동당 이정희 대표의 행보를 강하게 비판했다. 결의문은 "이정희 민주노동당 대표가 합의문을 왜곡하면서까지 진보신당 조승수 대표를 공개적으로 비판하고 국민참여당과 통합을 별도로 추진하고 있다는 오해를 살 만한 행동을 하고 있는 것에 대해 깊은 우려를 표명한다"고 강조했다. 진보교연은 민주노동당과 진보신당을 포함한 진보 대통합이 살얼음 걷듯이 조심스럽게 추진되고 있는 상황에서 민주노동당의 일부 세력과 이 대표가 연석회의에서 참여 문제를 제대로 논의하지 않은 국민참여당과의 통합을 추진하는 것이 아닌가 하는 오해를 살 수 있다고 우려했다. 진보교연은 "우리가 진보 대통합을 추진하는 것은 자본주의의

보기 때문에 그들에 대한 보상대책을 어떻게 세우고, FTA에서 이익을 얻는 쪽이 어떻게 비용을 부담하게 하며, 어떻게 부를 분배할 것인지 등에 대해서 충분히 검토해야 한다고 봅니다"라고 답했다.

납득하기 어려운 대목은 더 있었다. 민주당이 3무1반(무상급식·보육·의료와 반값 등록금)의 복지정책을 발표할 때 유시민이 '포퓰리즘'이라고 비난했는데 왜 그랬는가를 묻자, 그는 여전히 정당은 실현 가능한 정책을 추진해야 한다고 말했다. 곧장 나는 무상급식만 하더라도 지금은 현실화하고 있지만 지난 10년 가까이 그것을 요구한 진보세력이 있었기에 가능했다고 반론을 폈다.

아무튼 유시민과 처음으로 정책을 두고 마주친 공개 대담에서 나는 그를 신뢰하기 어려웠다. 그래서다. 민주노동당 당권파에게 국민참여당과의 합당 이전에 진보신당과의 합당에 전념할 것을 촉구하는 글을 썼다.

하지만 민주노동당 당권파들의 생각은 이미 확고했다. 결국 진보신당은 당 차원에서 결합하지 못했고, 심상정·노회찬·조승수를 중심으로 탈당한 사람들이 결합하는 데 그쳤다. 더구나 충분한 논의와 공감 없이 진행된 국민참여당과의 합당으로 진보교연을 비롯해 진보적 지식인들이 통합에 참여하지 않았음은 물론, 적잖은 노동운동가들이 등 돌리는 상황을 빚었다.

한계와 폐해 및 신자유주의를 극복하고 진보의 가치를 실현하기 위해서이지 단순한 정치공학적 이유에서가 아니"라며 "국가보안법 존치, 비정규직 권리보장 입법 제정거부, 아프가니스탄 및 이라크 파병, 한·미 FTA 추진, 새만금 공사 강행 등으로 진보의 가치와 민중의 삶을 훼손하는 데 앞장섰던 정치 세력들은 진정한 반성과 철저한 자기 혁신이 전제되지 않는 한 새로운 진보정당 건설에 참여시켜서는 안 된다"고 못 박았다. 진보교연의 논리에 충분히 공감했지만 내 생각은 조금 달랐다. 진보교연은 국민참여당의 동참을 원천적으로 반대하고 연대의 대상으로만 삼아야 한다고 했지만, 나는 진보신당과의 합당을 먼저 이룬 뒤 국민참여당의 참여를 충분한 토론과 표결을 통해 결정할 수 있다고 판단했다.

그 뿐이 아니다. 민주노동당과 국민참여당, 진보신당 탈당파들이 55대 30대 15로 지분을 나누는 데 합의함으로써 세 당에 몸담지 않은 사람들이 참여할 수 있는 기회는 원천적으로 제약됐다. 진보통합 시민회의의 이학영을 비롯해 상당수가 민주통합당의 공천을 신청한 데에는 앞서 분석했듯이 민주당의 자장이 큰 이유도 있지만 그 못지 않게 통합진보당의 폐쇄적 합당 구조가 큰 작용을 했다.

민주노동당이 진보신당의 당 대회를 앞두고 국민참여당과의 통합을 기정사실화하는 행태를 보면서, 또 그런 행보에 자극받아 진보신당이 당 대회에서 최종적으로 합당을 반대하는 결정을 내리는 걸 보면서 나는 참담했다. '진보 대통합 무산'에 책임을 지고 진보 대통합 시민회의 공동대표와 새로운사회를여는연구원 이사장에서도 물러나겠다고 밝혔다.[24]

진보 대통합 정당에 진보신당의 조직적 합류가 무산된 가장 큰 책임은 연석회의의 전격적 합의 뒤에 국민참여당과의 통합을 조급하게 추진해 안팎에서 물의를 빚은 민주노동당 당권파에 있었다. 그 시점에서 당권파들이 과연 진정으로 진보신당과의 합당을 원하고 있었는지 나는 의문이다.

결국 진보통합은 미완에 그쳤다. 아니, 단순히 미완에 그친 게 아니라 방향이 틀렸기에 그 대가는 혹독했다. 통합 과정의 문제점이

24 "나는 펑펑 울지 않았다", 〈미디어오늘〉, 2011년 9월 7일. 새사연은 '진보의 국정 대안'을 목표로 창립한 이후 진보단체들 사이에 싱크탱크 설립 붐을 일으켰다. 현실 분석과 대안을 담은 책을 7권 발간하며 2011년에 〈한국경제신문〉이 국책연구소까지 포함해 발표하는 국내 정치 사회 싱크탱크 순위에서 한나라당 여의도연구소(12위), 민주당 민주정책연구원(14위), 민주노동당 새세상연구소(18위), 국민참여당 참여정책연구원(21위)은 물론 희망제작소(6위)까지 앞지르고 5위로 자리 잡았다. 창립부터 6년 동안 원장과 이사장으로 활동해온 내가 물러나도, 아니 물러나는 것이 새사연이 한 단계 더 도약하는 계기가 되리라고 판단했다. 이사장에서 퇴임하는 날, 회원들에게 진보의 국정대안을 제시한 『리셋 코리아』 출간을 보고했다.

드러나는 것은 기실 필연으로 시간문제였을 뿐이다.

첫째, 2012년 총선에서 모든 진보와 민중의 열망을 끌어모으는 데 실패할 수밖에 없었다. 통합진보당이 비록 13석을 얻었지만 노동자들이 밀집한 영남지역에서 1석도 얻지 못한 사실은 뼈아픈 일이다. 총선을 석 달 앞두고 열린 문화방송 〈100분 토론〉에서 심상정에게 야권 연대에 앞서 통합진보당 내부부터 잘 추슬러야 한다고 말했지만 현실은 그렇지 못했다. 진보신당 독자파는 그 뒤 홍세화가 대표로 들어서고 사회당과 합당했지만 1석도 얻지 못해 해산당하는 비운을 맞았다.

둘째, 총선이 끝난 뒤 통합진보당은 비례대표 후보선출과 관련된 진상조사 과정에서 정당이 국민 앞에 보일 수 있는 추태를 모두 보였다. 국민참여당과의 조급한 합당으로 서로 불신이 깊었기에 당 내부에서 논의하고 합의를 이뤘어야 할 문제들이 외부로 터져 나오면서 갈등이 전면화했다. 그 말은 비례대표 후보 선출 과정에서 자행된 부정선거가 대수롭지 않은 문제라는 뜻이 아니다. 후보 선출 선거 과정에서 당권파든 비당권파든 절차적 민주주의를 지키지 않고 조직적(정파적) 투표 동원에 나서 '1인 1표제'가 사실상 무너진 사실, 진상규명 보고서를 둘러싸고 당 주요 인사들이 앞을 다퉈 기자회견을 열며 상대를 비난한 사실, 당 중앙위원회에서 너무 조급하게 자신들의 뜻을 관철시키려 한 비당권파의 행태, 그에 맞서 모든 상황을 권력(당권)투쟁으로 인식하며 당 전체보다 정파의 이해관계를 우선시하려는 작태, 당 중앙위원회 자리에서 벌어진 폭력 사태, 부정선거인가 부실선거인가를 둘러싼 진실 규명 작업이 두 차례나 벌어졌음에도 어떤 합의조차 내오지 못하는 상황들은 통합진보당의 한계를 여실히 보여주었다. 마침내 진보정당 활동에 헌신해오던 노동자 당원이 당사 앞에서 분신자살하는 비극까지 일어났다.

민주당은 진보정당인가

2012년 4월 총선에서 통합진보당과 연대한 민주당, 적잖은 시민운동가들이 진보 통합에 참여하지 않고 선택한 정당, 민주당을 진보는 어떻게 보아야 옳은가.

기실 진보 가운데 민주당을 진보정치 세력으로 인식하는 사람들이 적지 않다. 여기에는 민주당을 '좌파 정권'으로 규정하고 비난해온 언론권력의 영향력도 깔려 있다. 지금도 조중동은 김대중과 노무현 정부를 '친북좌파'라며 틈날 때마다 분칠한다. 그래서일까. 이미 고인이 된 김대중 전 대통령을 '빨갱이'로 생각하는 사람들을 적잖게 만날 수 있다. 비단 언론권력의 색깔 공세만이 아니다. 진보운동을 벌이는 한 지식인이 사석에서 진지하게 "김대중의 본심은 사회주의"라고 말할 때 나는 갑갑했다. 김대중이나 민주당에 정확한 판단이 필요한 이유가 여기 있다.

민주당이 진보 범주에 들어가는가, 아닌가를 둘러싸고 이미 숱한 이야기가 오갔다. 하지만 어떤 판단이 옳은가에 대한 과학적 기준이 있다. 실천이 그것이다. 민주당이 집권한 10년 동안 무엇을 했는가를 객관적으로 짚을 때 해답은 자명하다.

먼저 김대중 집권 시기부터 분석해보자. 김대중은 1970년대 이후 박정희와 전두환으로 이어지는 군사독재로부터 '빨갱이'라는 비판을 받아왔다. 바로 그렇기에 김대중의 집권은 '사건'이었다. 대한민국 헌정사에서 최초로 평화적 정권 교체였기 때문만은 아니다. 대한민국의 그 어떤 정치인보다 그가 진보적이라는 평가를 받아왔기에 더욱 그랬다.

김대중 스스로 지상에서 마지막으로 맞은 생일에 "오늘은 나의 85회 생일이다. 돌아보면 파란만장의 일생이었다. 그러나 민주주의를 위해 목숨을 바치고 투쟁한 일생이었고, 경제를 살리고 남북 화해의 길을 여는 혼신의 노력을 기울인 일생이었다. 내가 살아온 길에 미흡한 점은 있으나 후회는 없다"고 기록했다.

실제로 그는 사형선고와 투옥의 고통을 겪었지만 대통령이 되었고 남북 정상회담을 성사시켰으며 그가 소망하던 노벨평화상도 수

상했기에 자부할 만한 인생을 살았다.

그런데 김대중을 '김대중'으로 만든 것은 1971년 대선에서 그가 내세운 '대중경제'에 있다. '대중에 의한, 대중을 위한, 대중의 경제체제'를 제시한 그는 박정희식 경제성장의 대안을 갖춘 진보적 정치인으로 자리매김했다.

하지만 그로부터 27년이 지나 정작 김대중이 대통령에 취임했을 때 마치 그는 대중경제론을 잊은 듯 정책을 펴나갔다. 물론, 그렇게 된 것은 김대중 책임이 아니라는 주장도 있다. 김영삼 정부가 불러온 1997년 외환위기로 IMF 구제금융을 받은 탓에 다른 방법이 없었다는 것이다. 문제는 외환위기를 벗어나는 과정에서 김대중 정부가 전폭 수용한 신자유주의 경제체제다. 국내 대기업과 금융기관은 물론, 튼실한 공기업까지 외국 자본에 모두 열었다. 군부독재 정권 시기에 미약하게나마 존재했던 국민경제의 선순환 구조가 무너진 결정적 이유다.[25]

물론, 김대중 정권은 신자유주의 경제체제가 불러올 부익부 빈익빈을 해결하기 위해 기초생활보장제도를 도입하고 국민연금제도를 정착시켰다. 문제는 그 정책보다 신자유주의 경제의 구조화로 빚어지는 양극화 '힘'이 훨씬 컸다는 데 있다.

김대중이 군사독재 아래서 "경제성장의 열매는 이들과 결탁한 소

25 김대중의 신자유주의 도입을 IMF 구제금융 탓으로만 돌리는 논자들이 직시해야 할 사실이 있다. 구제금융을 모두 갚고 심지어 대통령에서 퇴임한 뒤에도 김대중은 노동계와 시민사회에서 노무현이 강행한 한미 자유무역협정을 반대하고 나섰을 때, 자신은 찬성한다고 밝혔다.

수 특권층에 의해 거의 독점되어 왔으며 노동자·농민들은 성장의 결실 배분에 참여하는 것으로부터 배제되어 왔다"고 주장했지만, 바로 그 노동자와 농민들이 갈망했던 '김대중 대통령' 아래서도 경제성장의 열매는 소수 특권층이 독점했다. 모든 것을 구제금융 탓으로 돌리며 정당화하는 사람들에게 명확한 사실 두 가지를 지적해둔다.

첫째, 김대중은 최선을 다하지 않았다. 그가 임명한 국무총리와 장관들을 보면 충분히 짐작할 수 있다. 그는 자신을 기꺼이 도울 의지와 능력이 있는 사람들을 중용하지 않았다. 김대중 정권 아래서 2인자로 활동한 박지원은 대중경제에 대한 철학이 없는 전혀 없는 인물이다.[26] 김대중은 임기 말에 아들들이 구속되는 참담한 상황을 맞았다.

둘째, 서민의 삶은 김대중 정권 5년 동안 나아지지 않았고 소득 격차는 더 벌어졌다. 비정규직과 정리해고를 합법화함으로써 부익부 빈익빈이 구조화하는 상황을 초래했다. 호남 민중은 물론 가난하고 힘없는 사람들이 그토록 갈망했던 '선생님'이 청와대에 들어가 정책의 최고 책임자로서 5년을 마쳤을 때, 그들에게 다가온 것은 정치적 허무감이었다.

김대중의 아들들이 비리로 구속되면서 민주당은 정권을 잃을 가능성이 커졌다. 대다수 정치학 교수들과 전문가들이 이회창 당선을

26 당시 〈한겨레〉 여론매체부장으로 있던 나는 칼럼으로 개혁 정책을 제대로 펴기를 촉구했고 심지어 박지원에게 대통령을 잘 모시라며 개혁의 실종을 비판했지만 큰 변화는 없었다. 그 뒤 노무현 정부 시절에도 청와대 국정상황실장과의 술자리에서 한미 자유무역협정은 해서는 안 된다고 대통령에게 전해달라고 이야기했지만 강행했다. 안타깝고, 더 나아가 이해하기 어려운 점은 김대중과 노무현 모두 퇴임 뒤 남긴 기록에서 자신의 국정에 후회감을 피력한 사실이다. 권력을 쥐고 있을 때 자신을 위해서도 좋을 '쓴소리'를 외면하는 이유는 무엇일까 궁금하다. 대통령 본인 탓일까, 아니면 참모 탓일까?

전망하던 2002년에 한국 사회에선 새로운 정치운동이 일어났다. '노사모'를 중심으로 한 참여 열풍이 그것이다. 노무현은 분배의 중요성을 강조하며 민주당의 대통령 후보 경선에 나섰다.

2002년 4월, 경기지역 후보 경선 연설에서 노무현은 "소득이 골고루 분배되지 않는 사회는 어느 때 불황이 올지 모른다"면서 "빈부격차가 작고 서민의 소비가 활발한 나라가 경제적으로 안정된 나라"라고 강조했다. 그는 또 "복지는 목적이고 시장은 수단"이라며 "복지 정책을 통해 소득 분배를 하고, 이 소득 분배를 통해 건강한 소비를 늘리고 일자리를 만드는 새로운 정책이 추진되어야 한다"고 역설했다.

언론 개혁에 적극적 의지를 표현해온 정치인이 경제에 대해서도 제도언론이 유포하는 고정관념을 벗어나 복지와 분배 정책을 공약하는 모습은 사람들에게 감동으로 다가왔다. 동시에 같은 이유에서 정치인 노무현은 제도언론으로부터 집중적인 비판을 받았다. 과거 제도언론의 '김대중 죽이기'에 빗대 '노무현 죽이기'라는 말이 언론학계와 시민사회에서 나돌기도 했다. 학벌 중심 사회에서 상고 출신의 비주류라는 사실 때문에 보수층과 언론에게서는 냉대 받았지만, 그 이유 때문에 노무현 바람은 더 커져갔다. 노무현 바람은 호남의 중심인 광주 경선에서 결정적 승기를 잡으며 세를 몰아갔다.

기실 "소득 분배를 통해 건강한 소비를 늘리고 일자리를 만드는 새로운 정책"은 바로 김대중의 대중경제론이 지닌 고갱이 가운데 하나였다. 한국 경제가 구제금융을 받는 위기에서 벗어난 상황에서, 이제 제대로 된 분배 중심의 복지 정책을 기대했던 게 당시 호호 입술을 모아 불어 거대한 노무현 바람을 일으킨 한국 유권자들의 간절한 마음이었다.

문제는 그가 대통령에 당선된 뒤다. 대통령 노무현은 국정 연설(2003년 4월 2일)에서 "분배 문제"를 "집값 안정과 사교육비 부담 경감"으로 대폭 좁혔다. 분배를 외면한 경제성장의 틀을 바꾸겠다는 공약과 달리 두 가지 문제만 집중적으로 해결하겠다는 뜻으로 받아들여졌다. 하지만 그 두 가지조차 실패했다. 현실이 생생하게 보여주었듯이 노무현 정부 5년 동안 집값은 하늘 높은 줄 모르게 치솟았고 — 종합부동산세는 아파트 분양가 공개를 거부한 노무현 정부가 뒤늦게 "소 잃고 외양간 고치기"로 입법했다 — 사교육비도 급팽창했다.

그뿐이 아니다. 대통령 노무현은 '국민소득 2만 달러 시대'를 국정 목표로 제시했다. 2003년 7월 들어 노무현은 '2만 달러 시대 위한 CEO 간담회'를 열었다. 경선 때의 '분배 중심'에서 대통령 당선 뒤 '성장 중심'으로 '변질'되는 데는 채 6개월이 걸리지 않았다. 그의 집권 시기에 국민소득 2만 달러는 이뤘지만, 부익부 빈익빈은 심화되었다. 대통령 후보 시절 그가 내세운 공약과 정반대의 결과를 빚은 셈이다. 삼성그룹 회장 이건희가 제기한 '국민소득 2만 달러 시대'라는 의제(아젠다)가 언론권력의 여론화에 힘입어 끝내는 '참여정부'의 정책으로 채택되는 과정은 깊이 성찰해볼 대목이다.

노무현이 한나라당에게 '대연정'을 제안했을 때 '노무현 바람'을 일으킨 사람들은 허탈감에 사로잡혔다. 더구나 국정홍보처를 통해 한·미FTA의 당위성을 대대적으로 선전하는 데 국민 혈세를 썼다.

후보 시절에 공약한 '분배를 통한 성장'을 위해선 열성적 지지자들을 중심으로 민주세력의 힘을 모아내 신자유주의 경제체제를 바꿔가야 했는데, 노무현은 정반대로 미국과의 자유무역협정에 전력투구하고 나섰다. 한·미FTA 체결이 결정적 요인이 되어 민주세력은 분열되었다. '노무현식 참여사회'의 참담한 결과였다. 보수정치세력이 그토록 갈망하던 한미 자유무역협정을 체결했지만 그들로부터 돌아온 것은 냉소와 조롱이었다. 박근혜의 "참 나쁜 대통령"이 대표적 보기다.

개혁을 지지하던 사람들이 떨어져 나가고 결국 2007년 대선에서 민주당이 참패한 데에는 말과 행동이 다른 데서 온 국민의 피로감이 강하게 작용했다. 2002년 대선에서 서민을 위한 경제성장, 신뢰와 원칙의 정치를 상징하던 노무현은 안타깝게도 집권 5년 동안 그 상징성을 시나브로 잃어갔다.

노무현의 국정은 그의 비서실장이던 문재인이 2012년 대선을 의식하며 털어놓았듯이 "뼈아픈 반성"이 필요하다. 기실 민주당 일각에서도 그 사실을 정확히 알고 있었다. 민주당은 2010년 지방선거와 교육감 선거에서 무상급식(보편적 복지 급식)이 여론의 지지를 받자 진보정당의 정책들을 과감하게 수용해 3무1반 정책을 전면에 내걸었다.

하지만 민주당은 정작 2012년 4월 총선에서 3무1반의 복지정책을 쟁점화하지 않았다. 단순하게 "이명박 심판" 논리에만 치중했고 이른바 '친노세력'이 전면에 나섬으로써 "노무현 대 이명박"이라는 언론권력의 선거 프레임이 먹혀들어가는 상황을 자초했다.

총선 뒤 민주당은 2012년 6월 9일 전당대회를 통해 이해찬 대표가 들어섰다. 김대중-노무현 정부에서 각각 장관과 국무총리를 역임한 그는 당내 최대 계파인 친노세력의 지지로 당선되었다. 이해찬과 민주당은 '정권 교체'에 적극적 의지를 보이고 있지만, 과연 민주당이 3무1반의 보편적 복지정책을 구현할 의지와 능력이 있을 것인가에 적잖은 사람들이 회의를 품고 있다.

김대중-노무현 민주당 정부 10년을 통해 민중의 삶이 나아지기는커녕 악화되었고 노동조합과 노동자의 힘은 더 약화되었다. 비정규직 확대는 물론, 노동시간 단축이나 실질임금 증가와 같은 수치에서도 성과가 없었다.[27] 그럼에도 민주당 대다수가 여전히 김대중과 노무현의 이름을 팔아 정치하려는 모습은 그 시기를 몸으로 겪으며 빈익빈의 수렁에 빠진 민중들에겐 실망스러울 수밖에 없다.

물론, 민주당의 태생적 한계를 들어 그 당은 결코 진보적으로 변화할 가능성이 없다고 예단할 생각은 없다. 19대 국회에서 민주당 공천을 받아 들어간 시민운동가들도 뜻이 있을 터이고 그들의 활동도 기대할 수 있다. 하지만 민주당 국회의원들과 지도부가 김대중-노무현 정부를 주도한 사람들의 전철, 진보의 힘을 모으기보다 자신보다 조금이라도 왼쪽이면 배제하며 자신들의 '권력'을 나누지 않으려 한 편협함에서 크게 벗어나지 못한다면, 국민에게 공약한 3무1반 정책을 구현하기 어려울 수밖에 없을뿐더러 민주당의 전통적인 구태에 자신들 또한 파묻힐 수밖에 없을 터다. 민주당에 '수혈'된 명망가들처럼 시민운동가들 또한 자신들이야말로 가장 현실을 정확히 꿰뚫고 있는 정치인인 듯 자부한다면 그 자부는 한낱 기득권 편입으로 전락할 가능성이 높다.

바로 그렇기에 수많은 진보가 선거 때가 오면 수구세력의 집권을 막기 위해서라거나 사표를 방지한다는 명분으로 당선 가능한 사람과 당에게 투표해온 이른바 '비판적 지지론'에 대해서도 명쾌한 정

27 김대중-노무현 정부에서 비정규직의 확대는 당사자가 아니면 심각성을 놓치기 쉽다. 비정규직은 언제 노동의 기회를 박탈당할지 알 수 없는 비인간적인 생존권의 굴레에 묶여 있다. 일터에서도 정규직으로부터 온전히 동료로 인정받지 못하고 나이가 든 사람일수록 모멸감을 느끼게 된다. 합법적으로 생존권을 박탈할 수 있는 비정규직과 더불어 노동의 기회를 원천적으로 박탈당한 실업자의 문제도 대한민국 정치는 사실상 모르쇠 해왔다.

리가 필요하다. 민주당의 자장이 그렇듯이 비판적 지지론의 자장 또한 지금도 강력하기 때문이다.

기실 비판적 지지론을 원천적으로 넘어설 수 있는 길은 민중에게 신뢰받을 수 있는 강력한 진보 대통합 정당의 건설이다. 하지만 지금까지 논의했듯이 진보 대통합의 과정도 결과도 참담한 상황이다. 진보정치 세력이 지리멸렬할 때 민주당이 진보적으로 변화할 가능성도 그만큼 낮아질 수밖에 없고 그것은 민중의 고통으로 이어지게 마련이다.

허세욱과 박영재, 누가 죽였는가

앞서 민주통합당과 통합진보당을 비판했지만 여전히 자기 성찰이 없을 사람들을 위해 정색을 하고 묻겠다.

허세욱, 박영재. 두 노동자를 누가 죽였는가.

그 물음을 4월에서 8월까지 모든 진보와 나누고 싶다. 먼저 허세욱. 그는 빈농의 9남매 가운데 다섯째로 태어났다. 고등학교에 입학해 공부하는 '행복' 도 누리지 못했다. 하지만 그의 삶은 가방 끈 긴 그 누구보다 치열했다. 집회와 시위 현장은 물론, 주요 쟁점에 대한 토론회와 강연회를 빠짐없이 다녔다. 나 또한 서울시청 앞 광장 집회 때와 서울 명동 향린교회에서 열린 강연회 때 겸손이 몸에 밴 고인의 얼굴을 또렷이 기억한다.

고인은 생업인 택시를 몰며 민주노총 노동자로서 당당하게 살아갔다. 참여연대와 민주노동당에도 가입했다. 월간 〈노동세상〉에 따르면, 고인이 택시로 하루 340여 킬로미터씩 한 달을 꼬박 몰아 손에 쥔 돈은 100만 원 남짓이었다. 고인은 그 돈으로 여러 시민사회단체 회비와 진보정당 당비를 꼬박꼬박 내고, 단체 활동가의 넉넉하지 못한 생활을 살뜰하게 챙겨주었다. 정작 자신은 끼니 거를 때가 많았다. 그 몸마저 결국 민중에 바쳤다.

2007년 4월 15일 허세욱은 분신의 고통 속에 숨을 거뒀다. 쉰넷. 열정과 헌신으로 살아온 삶이었다. 고인은 4월 1일, 한·미FTA 협상이 벌어지던 호텔 앞에서 "한·미FTA 즉각 중단하라"며 스스로 몸을 불살랐다. 구급차에 실려 가면서도 마지막 온 힘을 다해 한·미FTA 중단을 절규했다.

아직도 노무현 정부의 실정을 비판하면 도끼눈 홉뜨며 대뜸 욕설을 퍼붓는 윤똑똑이들에게 명토박아 들려준다. 당시 대통령 노무현은 허세욱이 분신한 바로 그날 밤 협정을 '타결'했다.

그 뒤 노무현은 진보세력의 비판을 받았고, 민주당은 재집권에 실패했다. 하지만 어떤가. 한·미FTA 협상 실무를 대표했던 자들을 보라. 김현종은 삼성전자 해외 법무담당 사장으로 '변신' 했고, 김종

훈은 새누리당 국회의원으로 활동하고 있다.

노무현 정부가 강행한 한·미FTA 협정의 국회 비준을 저지하기 위해 이명박 정부가 들어선 뒤 민주당은 국회에서 몸싸움을 벌여야 했다. 참으로 해괴한 사태 아닌가. 결국 국회에서 날치기로 비준됐다.[28]

그래서다. 나는 민주당이 김대중과 노무현의 사진을 걸어놓고 집권을 다짐하기보다 언제나 넉넉한 웃음을 잃지 않았지만 외로웠던 허세욱의 사진 앞에서 자신들의 무능과 무책임을 성찰하며 다시는 민중의 죽음을 불러오지 않겠다는 결기를 세워야 한다고 생각한다.

허세욱이 분신자살한 5년 뒤인 2012년 5월 14일. 해고 노동자로 노동운동에 헌신하던 박영재가 온몸에 불을 붙였다. 그가 분신을 결행한 곳은 통합진보당 당사 앞이다.

박영재.

그는 충청도 서산에서 태어나 수원으로 옮겨와 버스 노동자로 일했으나 노동운동으로 해고당했다. 복직 투쟁과 더불어 비정규직 및 미조직 노동자들을 지원하고 조직하는 데 온 힘을 기울였다. 민주노동당에는 2005년 입당해 궂은 일을 도맡아 했다고 지인들은 입을 모은다. 수원 비정규센터 사무국장을 거쳐 2010년부터 소장으로 일했다. 그 바쁜 일정에서도 분신하는 그날까지 방송통신대에서 법학을

28 비단 한·미 FTA만이 아니다. 2012년 8월 현재 22명의 목숨을 앗아간 쌍용자동차 사태와 제주 해군기지의 출발점도 노무현 정부에 있다는 사실을 참여정부에 참여한 인사들이 얼마나 반성하고 있는지 짚어야 한다. 면밀한 분석과 정직한 성찰을 촉구하는 이유는 일부 지지자들이 오해하는 것처럼 노무현 정부에 흠집을 내려는 데 목적이 있지 않다. 앞으로 그런 착오를 되풀이하지 않기 위해 꼭 필요해서다.

공부했다. 어느 인터넷신문은 그를 "헌신과 열정의 참 노동자, 참 당원" 이라고 썼다. 분신 뒤 병원으로 급히 옮겨져 사투를 벌였지만 상상을 초월한 고통 속에 고인은 어린 자녀들을 남기고 끝내 6월 22일 운명했다. 마흔네 살이었다.

문제는 누가 그를 죽였는가에 있다. 진보에 묻는다. 이명박 정권의 신자유주의 체제가 그를 죽였는가? 아니면 노동 억압적인 분단체제가 그의 목숨을 앗아 갔는가? 아니면 언론권력 '조중동' 이 죽였는가?

물론, 그들 모두 전혀 '혐의'가 없지는 않다. 고인은 노동 억압적인 분단체제에서 해고당했고, 신자유주의 체제와 맞서 촛불이든 1인 시위든 줄기차게 싸우고 있었기 때문이다. 스스로 몸을 불사르기로 결심한 날, 새벽에 당에 보낸 편지에서도 그는 '조중동' 이라는 말을 명시하고 있다.

하지만 과연 정치권력 · 경제권력 · 언론권력, 그 3각 동맹인 철의 권력이 박영재를 죽였을까? 아니다. 그들 못지않게 더 직접적 책임이 있는 사람들이 엄연히 있다. 누구인가?

마흔네 살의 올곧은 노동자를 죽인 사람들, 그들은 바로 통합진보당의 '엘리트' 들 아닌가. 총선이 끝난 뒤 비례대표 후보선출 과정에서 드러난 '부정 · 부실선거' 를 놓고 이른바 당권파와 비당권파 사이에 벌어진 갈등과 추태는 진보정당을 희망으로 생각한 사람들에게 큰 실망, 아니 절망을 주었다.

고 박영재의 상심은 더 컸을 터다. 통합진보당 중앙위원회에서 단상으로 달려오던 고인의 분노로 가득 찬 얼굴은 인터넷과 조중동은 물론 진보언론에도 1면에 큼직하게 실렸다. 그가 자신의 울뚝밸 치민 얼굴 사진에서 얼마나 짙은 외로움을 느꼈을지 감히 짐작할 수 있다.

고인은 분신한 날 새벽 3시 9분에 "유시민, 심상정 공동대표님 통합의 정신으로 돌아오십시오!" 제하의 호소문에서 "야권연대를 파기하고 2012년 대선을 이겨 영구 집권을 꾀하는 새누리당과 조선일보, 중앙일보, 동아일보 등 보수언론 도움에 힘입어 통합진보당의 당권을 장악하려는 불법적인 행위를 멈추고 통합의 정신으로 돌아오십시오"라고 썼다. 이어 "이석기 국회의원 당선자가 그렇게 부담스럽습니까? 국가보안법으로 실형을 살았던 자주적, 민주적, 통일국가를 건설하려는 동지로 인해 격조 높은 명망가에게 조중동 빨갱이 색깔 공세의 흙탕물이 튈까 두렵습니까?"라고 되물었다. 왜 그가 분신했는지 판단할 수 있는 대목이다.

노동자 박영재의 쓸쓸한 죽음을 두고 가당찮은 중립에 설 생각은 없지만, 고인의 애오라지 희망이었던 당에서 당권파든 비당권파든 갈등을 풀어가는 방식에 개탄했던 사람은 과연 나 혼자였을까?

조급하게 몰아치듯 당권파를 공격해가는 비당권파의 납득하기 어려운 행태는 그 갈등의 와중에 '애국가' 공세까지 서슴지 않는 모습에서 극에 달했다.[29]

하지만 그 못지않게 아니 그 이상으로 실망스러운 것은 당권파들의 자세였다. 마치 아무 잘못도 없다는 투의 언행은 고통받고 있는 유권자가 대다수인데도 왜 진보정당이 국회 원내 교섭단체조차 얻는 데 실패하고 있는지 단적으로 드러내 주었다.

설령 스스로 정당하다고 확신하더라도 당의 단합을 위해서라면 기꺼이 물러나며 수습에 나설 상황에 놓인 이석기가 자신이 무너지면 줄줄이 무너진다고 언죽번죽 이야기하는 모습을 어떻게 보아야 옳은가.[30] 다른 사람에겐 겸손의 덕목을 들먹이며 정작 자신은 더없이 교만한 전형적 작태 아닐까. 이석기와 당권파들의 행태에서 자주파의 미덕이라는 품성론을 읽을 수 있는가? 대중과 더불어 호흡한다는 자주파의 정신은 고작 국회의원이나 '군소정당'의 당권 앞에서 판단이 흐려지는 정도였던가? 그들은 이승에서 박영재가 떠나는 마지막 영결식 자리에서도 여전히 핏발 선 어조로 당권에 집착하는 '추도'를 서슴지 않았다. 4월에서 8월까지 모든 진보에게 묻는 까닭이다. 박영재를, 허세욱을, 누가 죽였는가를.

29 조중동이 통합진보당을 겨눠 종북의 색깔을 짙게 물들이고 있을 때 당 공동대표의 한 사람인 유시민이 "당 행사에서 우리는 왜 애국가를 부르지 않느냐"고 한 발언은 비이성적인 판단을 부추기고 종북 이미지를 굳혀주는 '세련된 색깔 공세'에 다름 아니다. 실제로 조중동은 유시민의 발언을 대서특필하고 사설과 칼럼으로 뒷받침했다. 명토박아두거니와 애국가를 불러서는 안 된다는 뜻이 아니다. 국가주의를 확대할 우려가 있어 애국가 부르기를 자제했던 진보정당에 조중동이 종북 공세를 펼 때 유시민이 그 말을 한 이유를 나는 아직도 이해할 수 없다.

30 줄줄이 무너진다고 주장했지만 현실은 정반대다. 만일 갈등이 불거진 사태 초기에 곧바로 이석기가 "본인은 부정선거에 결코 나서지 않았지만 내가 사퇴해 당이 단결할 수 있다면 기꺼이 사퇴하겠다. 이번 사태를 계기로 당이 과거에는 소홀했던 절차적 민주주의도 완벽을 기했으면 좋겠다. 당의 발전을 위해 부정선거 공방은 내 한 사람으로 끝내고 힘을 모아 새롭게 출발하길 간곡히 촉구한다"라고 기자회견을 열었다면 상황은 어떻게 전개되었을까. 중앙위원회 폭력사태도, 언론권력의 집요한 조롱도, 검찰의 압수수색도 막을 수 있지 않았을까. 이석기는 국민참여당과의 합당을 앞장서서 주장했다고 밝혔는데 기실 그 이유만으로도 그는 총선 결과 당이 노동운동으로부터 외면을 받은 사실에 책임을 지고 사퇴해야 옳았다.

통합진보당은 2012년 4월 총선에서 원내 교섭단체를, 대통령선거에서 민주통합당과의 연정을 목표로 했다.

기실 진보 대통합운동을 벌일 때 나의 비전은 더 컸다. 진보세력을 모두 모아내는 대통합을 이룰 때 원내 교섭단체가 확보되고 그럴 때 대선에서 민주통합당 후보와 경선을 해도 진보통합정당의 후보가 이길 수 있다고 판단했고 몸에 대상포진이 올 만큼 곳곳으로 강연하고 다녔다.

하지만 통합진보당은 진보세력을 모두 모아내려는 의지가 없었고 그래서 최선을 다하지 않았다. 제한적이고 폐쇄적인 진보통합으로 출범한 통합진보당은 2012년 4월 총선에서 목표했던 원내 교섭단체 의석(20석)에 크게 못 미치는 13석에 그쳤다. 물론, 수도권과 광주에서 지역구 국회의원이 당선-비록 민주당과의 정치 협상을 통해 얻은 것이라는 한계는 있지만-된 것은 평가할 만한 일이다.

그럼에도 그 성과는 영남의 전통적인 노동운동 기반을 모두 잃었다는 사실 앞에서 빛을 바랬다. 진보정당이 가장 중요한 계급적 기반을 잃었다는 점에선 위기의 신호였다. 더구나 총선 뒤 비례대표 선출 과정을 놓고 내부 불신과 갈등이 폭발하면서 당 전체가 가라앉는 상황을 맞았다. 당권파와 비당권파 모두 당내에서 숙의로 해결하기보다는 앞을 다퉈 '언론 플레이'를 하는 모습에서 과연 저들이 함께 당을 꾸려갈 수 있는 사람들인가에 국민적 회의와 불신을 낳았다.

특히 당 중앙위원회에서 당원들이 대표를 폭행하는 사태가 벌어지고 당원이 분신자살을 시도하는 일이 벌어졌는데도 당권파의 '상징'인 이석기가 끝까지 사퇴를 거부하는 모습은 진보정당의 가능성과 신뢰성에 찬물을 끼얹었다.

게다가 비례대표 후보를 선출하는 절차에서 드러난 문제점이 당권파를 겨냥한 '종북'의 사상검증으로 확산되면서 문제는 걷잡을 수 없이 확대되었다. 당권파들이 당내 진상조사위원회의 보고서를 받아들이지 않은 모습에 대해서도 '종북의 잣대'로 풀이하는 분석들이 조중동만이 아니라 진보진영 내부에서도 솔솔 흘러나오면서 통합진보당의 당권파는 곧 종북이라거나 "자주파는 곧 주사파"라는 등식이 아무런 검증 과정이나 증거도 없이 기정사실화했다. 조중동의 틀이 한국 사회의 미래를 열어가는 데 여전히 걸림돌인 이유가 여기 있다.

비례대표 선출과정의 절차와 종북의 문제는 전혀 다른데도 대다수 국민의 눈에 통합진보당의 당권파들은 '종북'으로 다가왔고 자주파는 회복하기 어려운 상처를 입었다.

여기서 우리는 북핵 문제, 인권문제, 3대 세습 문제에 대해 〈100

분 토론〉의 시민 논객이 던진 돌직구에 답할 때가 되었다. 젊은 여성 노동자의 그 질문은 대다수 국민에게 궁금한 문제가 되었을 뿐만 아니라 현 상황에서 더는 에둘러갈 수 없기 때문이다.

'북핵 문제' 부터 짚어보자. 찬성이냐 반대냐의 질문으로 접근할 수 없는 가장 대표적 보기가 이른바 '북핵 문제' 다. 먼저 용어부터 정리할 필요가 있다. 리영희도 생전에 지적했지만 '북핵 문제'가 아니라 '북·미 핵 문제' 라고 규정해야 옳다. 나 또한 시사 칼럼을 통해 그렇게 써왔다. 논란이 된 '북핵' 은 남북관계나 한미관계의 산물이 아니라 북·미관계의 산물이기 때문이다.

무엇보다 주시할 대목은 2000년 남북공동선언 뒤 4대국의 교차승인과 남북공동선언의 구체적 실천으로 한 단계 더 나가야 할 결정적 상황에서 2000년 11월 미국 대통령선거에 조지 부시가 당선된 사실이다. 부시는 클린턴 정부의 부통령이던 앨 고어를 누르고 미국의 제43대 대통령으로 당선되었고 4년 뒤 치러진 선거에서도 존 케리를 누르고 재선했다.

21세기 첫 10년대의 8년 내내 미국의 대통령 자리에 앉은 부시는 우리가 목격했듯이 대북 대결 정책을 강도 높게 펴나갔다.[31]

부시가 취임하자 당시 김대중 대통령은 2001년 3월 그를 만나기 위해 서둘러 워싱턴으로 갔다. 부시의 대북정책이 강경하게 굳어지

31 부시는 취임 직후 〈워싱턴포스트〉가 콜린 파월 국무장관의 말을 인용해 "클린턴 행정부의 대북 접근법을 유지할 것"이라고 보도하자, 새벽 5시에 라이스 보좌관에게 전화를 걸어 불같이 화를 내며, 파월이 해명에 나서도록 했다. 부시 정부의 대북 정책은 온건파인 파월 국무장관이 아니라 딕 체니 부통령, 도널드 럼스펠드 국방장관을 축으로 하는 네오콘 강경파가 처음부터 주도했다.

기 전에 설득해야 한다는 게 김대중의 판단이었다. 부시와의 정상회담에서 김대중은 자신이 만나본 김정일 국방위원장에 대한 정보와 햇볕정책의 효용성을 설명했다. 그러나 부시는 김대중의 발언을 중간 중간 끊었고, 북에 대한 적대감을 노골적으로 드러내 배석한 사람들은 당혹감을 느꼈다.

더구나 김대중과 함께 기자회견을 할 때도 부시는 한국 대통령의 답변을 중간에 가로채기도 했고, 노벨평화상 수상자인 김대중을 "디스 맨(this man)"이라고 호칭하는 무례하고 오만한 언행을 서슴지 않았다. 미국의 한 언론인이 부시가 "면전에서 김대중 대통령의 뺨을 때린 격"이라고 썼을 정도다.[32]

부시는 2001년 9월 11일 알 카에다가 뉴욕의 세계무역센터와 국방부를 공격한 다음 달에 곧바로 알 카에다가 있는 아프가니스탄을 공격해 수도를 장악했다. 이어 이듬해인 2002년 1월 아프가니스탄에 이어 '반테러 전쟁'의 제2단계 표적으로 이라크, 이란과 함께 조선민주주의인민공화국을 꼽고 세 나라를 '악의 축'(an axis of evil)이라고 규정했다. 1980년대 레이건이 소련을 비난하며 쓴 '악의 제국'과 2차 세계대전의 '추축국'을 비유한 말로, '준전시 태세'를 강조하는 뜻이 포함되어 있었다.

부시는 세 나라가 모두 국제 테러를 지원하고 대량 파괴무기를 개

32 당시 부시의 호전성이 불러올 위험을 의식했던 김대중은 언짢은 내색을 하지 않았다. 훗날 자서전에서 김대중은 그때 상황을 설명하며 부시가 "나에게 무례했고, 결국 우리 국민들을 무시했다"고 썼다. 논란이 된 "디스 맨" 호칭에 대해서도 그들은 "친근감을 표시했다고 하나 매우 불쾌했다. 나는 한국의 대통령이었고, 우리의 정서를 살펴야 했다. 평소에 나이를 따지지 않지만, 그 말을 들으니 그가 아들뻘이란 생각도 들었다"고 회고했다. 그 뒤 부시는 노무현 대통령이 취임 직후 워싱턴을 방문했을 때 내심 긴장했다고 한다. 한국의 대선 정국에서 효순-미선의 죽음을 애도하는 촛불이 타올랐기 때문이다. 하지만 노무현과 회담한 부시는 마음을 놓았다고 그의 측근이 밝혔다. 그래서였을까. 부시는 노무현을 일러 '이지 맨'(easy man)이라 불렀다. 그가 대한민국을 어떻게 생각하는지 새삼 확인해준 사례다.

발하는 공통점이 있다고 주장했다. 이어 국제사회에 중대한 위협이 되는 나라들에 대해 군사력 행사를 비롯해 정권 교체(regime change)를 추구하겠다고 선언했다.

실제로 부시는 곧장 이라크를 침략했다. 이라크에 있지도 않은 대량살상 무기를 명분으로 내세웠지만 전쟁의 목적은 다른 데 있었다. 기실 이라크와 이란, 북을 겨냥한 호전적 정책은 21세기 미국의 패권을 위협할 중국을 의식해 중동의 석유 자원을 통제하고 중국을 포위해나가겠다는 전략에서 비롯됐다.

세 나라를 악의 축으로 규정한 이후 이라크 침략을 감행하는 미국 부시 정권에게 평양이 위협을 느끼는 것은 당연한 일이다. 북의 핵 개발을 '북핵 문제'로 볼 게 아니라 '북·미 핵 문제'로 보아야 할 이유가 여기 있다. 부시 정권 내내 북은 미국의 국교 수립을 원했고, 핵 개발을 국교 정상화의 수단으로 강조했다. 미국과 국교가 수립되면 핵무기 개발을 포기하겠다고 수차례에 걸쳐 공식 선언했다. 하지만 부시의 목표는 북과의 수교가 아니었다. 일찌감치 밝혔듯이 '체제 변형'이었고 그것은 평양에도 친미정권을 세우겠다는 욕망이었다.

따라서 북·미 핵 문제 앞에서 일방적으로 북에 핵을 포기하라는 요구는 현실과 동떨어진 주장에 지나지 않는다. '북핵'에 찬성하느냐 반대하느냐라는 질문이 옳지 않은 이유다.

인권 문제도 마찬가지다. 북의 인권을 개선할 수 있는 가장 효과적 방법은 조지 부시 정권이 집권 8년 내내 해왔듯이 북을 압박하는 데 있지 않다. 평양과 워싱턴이 국교를 수립한다면 미국의 경제 봉쇄도 풀리고 폐쇄적인 정치사회 구조에도 변화가 올 수밖에 없다. 국교에 이어 경제 교류가 이뤄질 때 북의 인민들 또한 생존권 보장은 물론, 기본권을 더 많이 누릴 수 있다. 북·미 핵 문제와 인권 문제를 풀어갈 가장 효과적이고 현실적 방법은 북·미 국교 정상화에 있다. 따라서 남쪽에서 가장 힘을 기울일 정책은 대북 대결이 아니라 평양과 워싱턴 사이에 국교 정상화가 하루빨리 이뤄질 수 있도록 돕는 일이다. 북·미 국교가 수립될 때 북 또한 자신의 경직된 체제를 스스로 바꿔갈 가능성이 높다.

김일성-김정일-김정은으로 이어진 3대 세습은 북쪽의 정치체제와 그를 뒷받침하는 주체사상의 수령론이 결코 대한민국이나 통일 조국의 미래가 될 수 없다는 사실을 누구에게나 명확하게 보여주었다. 조선로동당이 '김일성주의'를 유일사상-사상을 '유일'화하는 것은 의도와 달리 아래로부터 올라오는 창조성을 억압해 사회와 국가의 정체 또는 퇴보로 이어질 수밖에 없다-으로 강조하며 우리 민족을 '김일성 민족'으로 부르는 모습은 장구한 사회주의 사상사는 물론 이성적 판단에 비춰보더라도 납득하기 어렵다.[33]

33 조선로동당과 김일성주의를 어떻게 볼 것인지에 대한 더 상세한 역사적 성찰은 필자가 쓴 『아름다운 집』을 참고할 수 있다. 2001년에 출간된 그 책은 2009년 일어로도 번역되었다.

김일성에서 김정일로 이어질 때 세습이 아니라 능력 때문이라고 변호했던 사람들이 김정은으로 세습되는 상황마저 애써 정당화하는 모습을 보며 나는 연민마저 느꼈다. 다만 현실적으로 우리는 김정은 체제와도 대화를 통해 문제를 풀어가야 할 상황임을 직시할 필요는 있다. 실제로 중국은 물론이고, 미국조차 그렇게 접근하고 있다.

따라서 핵, 인권, 세습에 찬성하느냐, 반대하느냐 추궁하며 사상 검증 식으로 던지는 질문은 지나치게 단선적이다. 그런 추궁은 언론 권력이나 공안당국의 몫으로 이미 우리 사회에 차고 넘친다. 진보가 할 일은 워싱턴이 평양과 국교 수립에 나서도록 여론을 형성하고 압박하는 데 있다.

물론, 단선적인 질문에도 진보는 '말 돌리지 않고' 답할 필요가 있다. 여성 노동자가 던진 돌직구 질문에 진보의 답을 다음과 같이 정리할 수 있다.

"북핵 문제는 북·미 핵 문제로 보는 게 옳다. 북의 핵무기도 미국의 핵무기도 우리는 동의하지 않는다. 북과 미국이 대화를 통해 해결할 수 있도록 돕는 게 남쪽에서 살아가는 사람들이 선택할 수 있는 가장 현실적 길이다. 인권 문제의 해결책도 가장 효과적인 길은 북·미 국교 정상화에 있다. 무엇보다 기본적인 인권인 생존권을 위해서라도 북·미 핵 문제와 별개로 조건 없는 식량 지원에 나서야 옳다. 3대 세습에 흔쾌히 동의할 사람이 남쪽에 누가 있겠는가. 북이 스스로 사회주의다운 체제를 이룰 수 있도록 조건을 마련해주는 것이 필요하다. 그렇게 하기 위해서도 우리가 할 일은 비판보다 대화에 있다."

새삼스런 말이지만 대한민국에서 자주파는 필요하다. 미국 대통령이 한국 대통령에게 내놓고 저지르는 무례와 모욕, 엽기적으로 윤금이를 살해한 사건을 비롯해 끊임없이 일어나는 미군의 범죄를 응징하지 못하는 불평등한 소파 협정, 효순-미선이 미군 장갑차에 깔린 참사가 일어났는데도 장갑차 운전병에게 무죄를 선고하고 곧바로 본국으로 빼돌리는 오만, 주한미군의 '전략적 유연성'이나 평택에 건설하는 미군기지가 불러올 국제정치적 위험성, 미국이 주도하는 신자유주의 체제가 민중에게 주는 고통, 그 모든 문제에 줄기차게 목소리를 내며 '돌직구' 던진 사람들이 '자주파' 였다.

만일 자주파가 없었다면 한미관계의 불평등은 더 커졌을 터이고, 민주주의 또한 발전이 더뎠을 게 분명하다. 바로 그렇기에 나는 자주가 이 땅에서 '진보의 가치'가 되었고 지금은 물론, 앞으로도 그래야 한다고 생각한다.

기실 분단체제를 살고 있는 남쪽에서 진보는 평등과 자주의 두 바퀴로 굴러가야 한다. 실제로 평등파가 중시하는 노동자를 비롯한 민

34 신자유주의 체제와 분단체제의 극복은 서로 이어져 있다. 평등파 가운데 일부는 민족통일을 중시하지 않지만, 통일은 신자유주의 체제를 넘어서는 데도 큰 도움이 된다. 무엇보다 7,200만 명의 인구를 기반으로 한 민족경제권 형성이 가능하고 그것을 밑절미로 동아시아 국가들과 새로운 경제공동체를 일궈나갈 수 있기 때문이다. 이에 대한 더 자세한 논의는 필자가 쓴 『주권혁명』을 참고할 수 있다.

35 물론, 쉬운 일은 아니다. 이 책을 쓰는 과정에서 학생운동이 강했던 한 대학의 90학번을 만났을 때다. 진보운동으로 학위논문을 쓰고 대학에서 연구교수로 활동하는 그는 엔엘과의 관계에서 트라우마(상처)가 깊다고 털어놓았다. 어떤 트라우마인가 물었을 때 그는 학생운동 시절 함께 단식하던 단과대 학생회장이 단식 중단 예정일을 사흘 앞두고 먼저 중단하기에 이유를 물었더니 "장군님 생일인데 굶을 수는 없다"고 이야기했다는 말을 건넸다. 그런 경험이 피디였던 자신에게는 트라우마로 남아 있다고 회고했다. 그런데 그 상황을 같은 학교에서 그보다 조금

중의 고통을 해결하기 위해 현장에서 열정을 쏟고 있는 사람들 가운데 다수가 자주파 아닌가. 그들과 더불어 신자유주의 체제와 분단체제를 넘어서는 진보의 시대적 소명을 풀어가야 옳다.[34]

물론, 평등파가 우려하듯이 자주파 내부에는 수령론까지 믿는 경직된 주체사상파도 있을 터다. 그들과 민주노동당 시절의 당권파들을 동일시하고 그들이 통합진보당의 비례대표 선거에서 부정을 저질렀다고 판단할 수도 있을지 모른다.[35]

하지만 나는 그렇게 생각하지 않는다. 비례대표 선출 과정에서 드러난 절차적 민주주의 문제와 종북 논란을 곧장 연결 짓는 것은 오류다.

무엇보다 진보가 할 일은 사람에 대한 존중이다. 우리에게 사람과 사회, 역사의 변화에 대한 믿음이 없다면 어떻게 진보운동을 시작했겠는가. 그 첫 마음을 소통해야 옳다.[36]

자주파와 평등파가 생겨난 1980년대와 오늘의 2010년대는 30년의 차이가 있다. 한 때는 엄숙한 레닌주의자였던 '젊은 혁명가'들 가운데 적잖은 사람들이 지금은 사회민주주의로 변해 있는 사실을 우리는 알고 있다.

마찬가지다. 주체사상을 경직되게 고수하는 사람들도 북·미 핵 문제가 풀려가고 남북대화가 깊어가는 과정에서 그들 스스로 자연

이른 학번으로 학생운동을 한 40대에게 물었을 때(그 또한 피디로 운동했다) 대답은 뜻밖이었다. "90학번이 운동을 했던 당시 학교는 엔엘 주사파가 다수파였을 것"이라며 "단과대 학생회장의 발언이 트라우마로 남았다고는 볼 순 없고, 싫어하는 합리적 이유의 하나일 뿐이며 정확하게 보자면 피디가 소수파로서의 당했던 설움이 트라우마로 남지 않았을까 하는 생각이 든다"고 말했다. 그는 이어 자신이 다녔을 때는 피디가 학생운동의 다수였는데 그때는 엔엘이 소수로서 당했던 설움이 컸다고 덧붙였다. 엔엘 선배들이 좀 더 인간적이었다고 회고한 그는 서로 다른 정파가 주최하는 집회에는 참석을 안 했고, 선배들끼리도 정파가 다르면 서로 등 돌리고 별것 아닌 이유로 서로 비난하며 상처를 받곤 했던 기억을 털어놓았다. 초기 소수파였던 엔엘 선배들에게 인간적인 연민도 느꼈던 그는 나중에 주사가 다수파가 되고 이후 소수파가 된 피디 선배들에게 연민을 느끼게 되는 상황을 맞았다고 털어놓았다. 비슷한 경험은 내게도 있다. 내가 학생운동을 했던 학교에서 해마다 강연 초청을 하는데 한 해는 피디 계열, 한 해는 엔엘 계열로 계속 바뀌었다. 두 계열 사이에 반목이 심했고 강연을 하면서도 가슴 아팠던 경험이 있다.

스럽게-굳이 그 '문법'으로 말하자면 자주적이고 창조적으로-변화하리라고 나는 믿는다.

지금 이 시점에서 분명한 사실은 자주파가 곧 주체사상파도, 주체사상파가 곧 수령론자들도 아니라는 점이다. 북을 통일조국의 미래로 생각하는 사람들에게는 결코 미래가 없다는 진실을 주체사상에 기울어 있는 사람들 또한 모르지 않을 터다. 언제나 그렇듯이 그 문제를 풀어가는 데도 색깔 공세를 통한 배제나 '소탕'이 아니라 대화를 통한 '소통'이 옳을뿐더러 실질적 효과가 있다. 이 땅에서 자주와 평등은 더불어 가야 옳다.[37]

그러던 어느 해 비운동권이 총학생회를 장악하는 모습을 보며 서글펐다.

36 사람에 대한 존중이라는 말에 그것이 자주파 용어라는 선입견에서 벗어나기 바란다. 첫 마음을 소통하자는 뜻은 내가 강연 때 종종 던졌던 다음 물음과 이어져 있다. "여러분 솔직히 언제 어떻게 피디가 되고 엔엘이 되었나요. 대학에 들어와 어떤 계열의 선배와 처음 술을 마셨나요. 그게 결정해준 거 아닌가요? 그 뒤 지금까지 한쪽 이야기만 듣고 오셨다면 그게 무슨 진보입니까? 시시비비를 가려야 하지 않겠어요?" 생각해보라. 당시 그 선배들 또한 지도부라 해도 20대 초반이다. 아직은 세상을 폭넓게 바라보기 어려운 나이 아닐까. 더구나 엔엘과 피디도 두루 알다시피 수많은 정파로 나누어져 있다. 특히 피디 안에서 서로가 서로를 믿지 못하고 상처를 준 경험을 토로하는 사람이 많다. 피디들끼리의 트라우마를 고백하는 40대도 만났다. 물론 엔엘 또한 주사파와 비주사파로 갈라졌다. 4월에서 8월까지 모든 진보 가운데 자주파와 평등파의 갈등은 1980년대 중반 이후에 불거졌다.

37 앞서도 언급했지만 학생운동 시절의 엔엘과 피디 활동가들 모두 20대였다. 정파나 이념을 떠나 인격적으로 덜 성숙한 상태에서 서로가 서로를 믿지 못하고 주도권을 잡은 정파가 소수파에 대한 전횡을 일삼아 상처로 남은 경우가 많았을 법하다. 1980년대 이후의 진보들은 서로의 지적, 인격적인 성숙함에 따라, 누가 다수이고 소수였나에 따라 20대 시절에 받은 트라우마의 깊이가 다르다. 문제는 나이가 들어 30대, 40대가 된 지금까지 그 상처, 또는 그 틀로 상대를 재단하는 완강함에 있다. 어떤가. 더 늦기 전에 지금부터라도 진보 안에서 서로가 서로를 애정으로 대하고 시시비비를 가려가는 새로운 작풍이 필요하지 않을까. 물론, 거기에는 다수가 된 정파가 초심을 잃지 않는 것이 전제돼야 한다. 기실 그 문화야말로 품성의 척도 아니겠는가. 진보가 자기 내부부터 소통에 나서야 할 이유다. 70년대 학번인 내 개인 경험만 보더라도 『신문읽기의 혁명』을 읽은 학생들과 노동조합에선 나를 자주파로, 소설 『아름다운 집』을 읽은 학생들과 노동조합에선 평등파로 생각하고 강연 초청을 한다. 그렇다면, 나는 자주파일까? 평등파일까? 한 점 부끄럼 없이 나는 자부할 수 있다. 나는 '엔엘피디'이고 자주-평등파(반우스개로 밝혀두자면 여기서 자주가 먼저 들어간 것은 가나다 순이다)다. 민주파이고, 정의파이다.

4 정의롭고 깨끗한 큰 그릇

정의롭고 깨끗한 큰 그릇

진보에 대안이 없다?

4월에서 5월로, 다시 6월과 7~8월로 전개되어온 진보운동에 헌신하거나 그 운동을 기꺼이 지지한 사람들에게 1989년에 시작된 변화는 큰 충격이었다. 동유럽 사회주의 국가들이 하나 둘 무너지고 곧이어 1991년 소련마저 해체되는 상황은 혁명을 꿈꾸던 사람들에게 자신의 사상을 되짚어보게 해주었다.

더러는 본디 소련과 동유럽은 사회주의 체제가 아니었다며 오히려 그 몰락을 환영하기도 했지만, 과연 자본주의 체제의 대안을 우리가 구현할 수 있는가에 의문을 갖는 것이 정직한 자세였다. 아무튼 1991년 소련공산당은 물론 소련이라는 나라가 지구에서 사라지는 모습을 목격한 이후 레닌주의와 관련한 담론은 급격히 줄어들었다.

도미노처럼 무너진 사회주의 체제에서 조선민주주의인민공화국은 살아남았다. 하지만 1990년대 중반부터 수년에 걸쳐 최소 수십만 명에 이르는 아사자가 발생하면서 주체사상(또는 김일성주의)에 끌리던 매력도 시나브로 약해졌다.

물론, 2012년 지금도 자본주의를 당장 폐절시킬 수 있다는 듯이 주장하거나 주체사상이 인류를 구원할 수 있다고 믿는 사람들도 있다.

하지만 이제 분명히 정리할 때다. 자신들이 권력을 쥘 때 자본주의를 넘어서 사회주의를 당장 구현할 수 있다고 누군가 믿는다면, 또는 자급자족 체제로 자주적 통일을 이루고 민족은 물론 인류의 새로운 역사를 창조할 수 있다고 누군가 믿는다면, 바로 그 완고한 피디(평등파)와 경직된 엔엘(자주파)이야말로 지금 고통받고 있는 민중에게 절망을 안겨주고 있다는 진실에 눈떠야 한다.[38] 자신들을 겨냥해 언제나 색깔 공세를 펴며 영향력을 유지하는 언론권력이나 그 권력에 기고 또는 기생하는 교수들이 그들과 '적대적 공존' 관계를 형성하고 있다. 극과 극이지만 공통점이 있기 때문이다.

국민 대다수인 민중의 고통을 전혀 해결할 수 없다는 진실이 그것이다. 한쪽은 해결하고 싶지만 못 하고 다른 쪽은 해결할 생각이 전혀 없다는 차이만 있을 뿐이다. 그 둘의 적대적 공생은 살아가는 풍경에서 얼마든지 확인할 수 있다. 신자유주의 체제를 비판하는 사람들을 겨냥해 그렇다면 주체사상이 더 좋다는 것이냐고 양자택일로

38 사회주의를 내세우지 않으면 진보가 아니라고 주장하는 일부 지식인들에게 묻고 싶다. 어떤 사회주의를 꿈꾸는가를. 20세기 소련, 중국, 동유럽, 조선민주주의인민공화국, 베트남의 경험은 인류가 자본주의를 넘어서는 여정이 얼마나 멀고 험한 길인가를, 주관적 의지나 의욕만으로 이루어질 수 없다는 진실을 가르쳐주었다. 우리 세대에 그것이 가능하다고 나는 생각하지 않는다. 역사를 더 길게 볼 것을 제안한다. 더디지만 차곡차곡 다지며 가는 길이 오히려 가장 빠를 수 있다.

묻는 칼럼이 버젓이 한국을 대표하는 일간지에 실리고 있다.

그 결과다. 적대적으로 공존하고 있는 두 세력의 사이에서 적잖은 진보가 '전향'했다. 현실에 적합하지 않거나 깊은 성찰 없이 과한 선동을 일삼던 사람들이 어느 날 '뉴라이트'가 되거나 새누리당 국회의원으로 애초 보수적인 정치인들보다 더 극악한 극우의 행태를 보이는 살풍경은 적대적 공생의 살아 있는 보기다.

문제는 진보도, 국민도 그런 두 세력의 적대적 공생 속에 자기 정체성을 잃어가는 데 있다. 4월을, 5월을, 6월을, 7~8월을, 8월을 감동과 보람으로 받아들였던 사람들도 더는 자본주의의 대안이 없다며 자신의 경제생활에 몰입하고 있다.

하지만 그들이 진보는 대안이 없다며 정치 현실 또는 정치 생활에서 눈 돌리고 경제생활에만 억척스럽게 매몰되어도 좋은가.

전혀 아니다. 자본주의 아니면 공산주의라거나 신자유주의 아니면 주체사상이라는 이분법이야말로 조중동이 만들어낸 프레임에 갇혀 상상력이 메마르거나 새로운 현실을 보지 못하는 족쇄이기 때문이다.

고백하자면 진보에 대안이 없다는 말이 떠도는 데는 나의 책임도 크다. 2005년 진보적 싱크탱크를 만들겠다며 생활 현장의 진보들에게 뜻을 모을 때 무람없이 내세운 명분이 바로 '대안' 이었기 때문이다. 하지만 그로부터 이미 적지 않은 세월이 흘렀다. 진보적 싱크탱크로 이미 자리잡은 새사연이나 진보교연, 복지국가소사이어티들이 곰비임비 대안들을 내놓았다. 물론, 지금은 진보세력의 대안이 완비되었다고 장담할 생각은 전혀 없다. 아직 부족한 대목이 많다.

하지만 최근 5년 동안 진보 내부에서 제출된 대안들을 눈여겨 살펴보지도 않은 채 진보는 대안이 없다고 꾸짖는 윤똑똑이들에게는 명토박아두고 싶다. 대안이 없다는 말, 이제 그 말은 게으름의 고백이다. 대안이 없다며 진보세력을 비판하는 '진보'적 교수나 '진보'적 언론인을 볼 때면 더욱 그렇다.

대안이 없다고 진보세력을 나무라는 사회과학자는 정말이지 겸손하게 자기 발밑을 돌아볼 필요가 있다. 대안을 만들어야 할 당사자가 대안을 만들지 않고 다른 사람을 탓하는 꼴 아닌가. 언론인은 조금 다르다. 정책 대안을 직접 제시할 당사자는 아니기 때문이다. 하지만 언론의 책임도 그만큼 줄어들까? 전혀 아니다. 우리 사회에 축적되어가는 진보적 정책 대안들이 국민 사이에 소통되지 않는 결정적 이유가 바로 언론인들에게 있기 때문이다.

가령 2011년 민주노총이 연 토론회를 짚어보자. 이명박 정권이 언죽번죽 부르댄 '경제 살리기'가 민생 파탄을 불러오고 있는 상황에서 민주노총이 대안을 전면에 내걸고 토론회를 열었다. 사무금융연

맹과 금속노조가 함께 한 토론회는 보도자료를 통해 친절하게 안내했듯이 '이명박 정부의 하반기 경제정책 방향에 대한 비판적 검토와 노동자 대안'을 목적으로 했다.

민주노총 정책국장 이창근은 발제를 통해 해마다 노동소득 분배율이 떨어지고 소득 불평등이 깊어진 현실을 객관적 통계로 제시하며 이명박 정권조차 내수 활성화를 위한 30개 과제의 우선 도입을 발표할 만큼 국민 대다수가 늪에 빠져 있다고 비판했다. 이어 신자유주의 경제정책의 틀을 바꾸지 않은 채 내놓는 내수 활성화 대책은 미봉책일 뿐만 아니라 실효성도 없다고 진단했다.

민주노총은 권력이 의지만 있다면 당장 구현할 수 있는 구체적 대안들을 제시했다. 중소기업의 납품단가 협상권을 보장하고 원자재 가격의 납품단가 연동제를 도입하는 정책은 결코 과격한 요구도 이념적 주장도 아닌 실질적 대안이다. 내수 시장 활성화를 위해서는 가처분소득이 늘어나야 하고 그러려면 비정규직을 줄이고 정리해고를 제한해야 한다는 논리도 명쾌하다. 한진중공업 경영진이 살천스레 자행한 '정리해고'에 맞선 싸움이 경제를 살리는 길임을 새삼 확인할 수 있다.

하지만 민주노총이 제시한 '경제 살리기'의 구체적 정책 대안들은 신문과 방송은 물론 인터넷신문들로부터 철저히 외면당했다. 토론회에 단 한 명의 기자도 참석하지 않았다. 기실 사회단체들이 부족한 예산을 털어 토론회를 여는 이유는 그만큼 여론 형성이 절실하다고 판단하기 때문이다. 문제는 아무리 대안 토론회를 열고 책을 출간해도 국민과의 소통이 막히는 데 있다. 대다수 언론이 대안을 담은 신간 소개조차 모르쇠다. 민주노총에 따르면 토론회가 기사화되는 일은 극히 드물다. 그나마 인터넷신문들이 보도할 뿐이다.

과연 그래도 좋은가. 한낱 수구세력에 지나지 않지만 자칭 보수언론들이 민주노총을 비롯한 진보세력의 대안들을 전혀 보도하지 않는 것은 그러려니 할 수 있다. 문제는 진보를 내세운 언론도 진보세력이 내놓는 대안 보도에 인색한 데 있다. 왜 그럴까? 새삼 궁금하다. 왜 그들은 진보세력의 토론회를 취재하지 않는 걸까? 왜 진보가 내놓은 대안들을 국민에게 알려주고 여론화해나가는 일에 게으를까? 우리 현실과 전혀 다른 서양의 사상가들 책을 대서특필하는 데 쓰는 공간의 10분의 1이라도 우리 내부의 담론을 소개해줄 수는 없는 걸까?[39]

진보를 표방하는 교수와 언론인들이 진보세력은 대안이 없다는 주장을 훈계하듯 늘어놓으면서 국민 대다수도 그렇게 생각한다. 한국 정치가 발전하지 못하는 근본적 원인 가운데 하나다.

그래서다. 진보는 대안이 없다고 꾸짖는 글을 쓰거나 희망이 없다

39 외국 학자들이 쓴 책에 과도한 권위를 부여하는 지식인의 습성은 기자들도 예외는 아니고 그것은 다시 나라 전반의 문화적 식민화를 재촉한다.

고 지레 체념하기 전에 이제는 꼼꼼하게 짚어볼 필요가 있다. 참으로 진보는 대안이 없는가를.

심지어 진보정당이 오래전부터 제시해온 정책을 민주당이 선거를 의식해 뒤늦게 받아들여 공약했을 때도 터무니없는 보도를 하고 있다. 가령 민주당이 2012년 4월 총선을 앞두고 청년복지 정책을 발표하며 청년고용 할당제를 약속했을 때다. 공기업을 포함한 300인 이상 대기업에 해마다 3퍼센트의 청년고용 할당을 의무화하겠다고 발표했는데 다음날 〈한겨레〉와 〈경향신문〉은 약속이나 한 듯이 청년고용 할당제의 현실성과 실효성을 의심하는 기사를 실었다. 〈경향신문〉은 정책 발표 사실을 전한 뒤 "청년고용 할당제는 취지는 좋지만 가능하겠느냐는 지적이 나온다. 현재는 공공기관·지방 공기업이 매년 3퍼센트 이상 청년 미취업자를 고용토록 권고하게 돼 있다. 민주통합당은 이를 일반 기업으로까지 넓히고 강제하겠다는 것이다. 실제로 일반 기업들을 설득하고, 법으로 의무화할 수 있을지가 관건"이라고 보도했다. 〈한겨레〉는 숫제 기사 첫 문장을 "민주통합당이 2일 청년실업 해소와 지원 정책을 내놨으나, 일부 방안을 두곤 설익은 내용을 선거용으로 급조해 내놓은 게 아니냐는 지적이 나온다"로 시작했다.

그러나 민주당이 발표한 청년고용 할당제는 설익은 것도 급조된 것도 아니다. 총선을 앞두고 갑자기 만든 정책이 아니라 오래전부터 진보적 사회단체와 민주노동당에서 애면글면 입법을 요구하고 추진한 정책이다. 청년고용 할당제를 제안할 때 노동시간 단축을 통한 일자리 늘리기와 병행하면 더 효율적이라는 제안도 숱하게 해왔다.

'로제타 플랜'으로 불리는 청년고용 할당제는 이미 1998년 벨기에가 현실로 구현한 실업대책이다. 청년실업문제를 다뤄 칸영화제 황금종려상을 수상한 영화의 주인공 이름이 로제타다. 한국비정규노동센터는 물론, 새사연도 청년고용 할당제를 줄곧 촉구해왔다.[40]

뒤늦게나마 민주통합당이 그 정책을 받은 것은 좋은 일이다. 그 정책을 발표할 때까지 흔히 말하는 '조중동'은 물론, 진보 매체들도 의제 설정에 몹시 인색했다. 청년실업의 누적과 진보진영의 줄기찬 여론화로 이제 겨우 제1야당이 정책으로 받아들인 셈인데 현실성과 실효성에 처음부터 의문을 던지는 기사를 어떻게 보아야 옳을까.

물론, 민주당이 청년고용 할당제를 공약했다고 해서 그들이 제1당이 되면 반드시 실현하리라는 확신은 없다. 하지만 그것은 정책 내용이 부족해서가 아니라 민주당의 의지가 부족해서일 터다. 〈한겨레〉와 〈경향신문〉마저 실현가능성에 의문을 던질 때, 언제 청년 실업은 줄어들 수 있을까? 결국 민주당은 과반의석은 물론, 원내 1당조차 되지 못해 청년고용 할당제는 실제로 실현 가능성 없는 먼 미

40 〈한겨레〉에 칼럼을 기고하던 시기, 그 지면에 쓰기도 했다. 이명박 대통령이 청년실업에 가슴 아프다고 언죽번죽 말했던 때였다. 나는 그의 위선을 비판하며 대안으로 "천문학적 순익을 내는 대기업과 공기업에 기존 인력 계획과 별개로 청년고용 할당제를 도입"하라고 제시했다(2009년 10월 6일 자, 대통령의 가슴). 그에 앞서 〈경향신문〉에는 진보정당을 비판하기 전에 정책을 충실하게 보도해야 옳다는 옴부즈맨 칼럼을 썼었다.

래의 과제가 되었다.

진보적 대안이 소통되지 않는 보기는 하나 둘이 아니다. 2012년 5월, 교육 현장에 근거를 두고 정책대안을 지머리 모색해온 교육 노동자들과 시민사회단체가 교육 개혁 대안을 발표했을 때다. 교육개혁 100인위원회는 5차례 토의 결과를 종합해 64개 정책을 다듬어 전문가들에게 제시하고 투표를 통해 10대 정책 과제를 뽑는 행사를 열었다. 서울시와 경기도의 두 교육감과 교육 입법을 담당할 의원 당선자도 참석했다. 주최 쪽은 모든 언론사에 보도자료를 돌렸다. 그날 현장에서 선정된 교육정책은 국가교육위원회 설치, 학급당 학생 수 20명으로 감축, 유치원에서 고등학교까지 무상교육, 국립대 일원화, 학력차별금지법 제정, 반값등록금 실현들이었다. '국가교육위원회'는 정권 교체와 무관하게 일관된 교육 정책과 입시제도를 위해 국가인권위원회를 모델로 한 상설 법정기구다.

그런데 놀랍게도 다음날 그 행사를 보도한 언론사를 찾을 수 없었다. 그날 현장에서 만난 유일한 〈경향신문〉 취재기자가 일주일 뒤 쓴 기사가 전부였다. 부각해야 할 공중 의제들이 미디어 의제로 설정되지 못하는 사안은 하나 둘이 아니다. 진보정당의 분열상은 대서특필하면서 걱정하는 사람들이 정작 생활 현장에서 실제로 진보 대안을 만들어가는 사람들의 이야기를 지속적으로 무시하는 모습을 이해하기는 난감하다.

그래서다. 진보에 대안이 없다고 단언하기 전에 진보적 대안들을 스스로 찾아가는 적극적이고 주체적인 자세가 모든 진보에게 절실하다. 학습을 게을리해서는 안 될 이유가 여기 있다.

성찰의 길 | 학습 · 토론 · 소통

한국의 진보정치 세력은 이승만–박정희–전두환으로 이어온 가혹한 색깔 정치 아래 활동해 오면서 이념적 순결성이 크게 중시되었다. 진보 내부에서도 김대중–김영삼의 자장이 작용하는 상황이었기에 이념적 순수성은 미덕이기도 했다. 하지만 이념적 순수성과 순결성을 고수해오면서 변화하는 흐름을 놓치고 경직된 이념에서 자유롭지 못해온 것도 사실이다.[41]

진보세력 전반에 실사구시의 자세가 절실하고 절박한 이유가 여기 있다. 더구나 진보정치 세력이 선거를 통한 집권을 목표로 한다면, 1980년대의 이념적 경직성이나 그에 근거한 지하조직 또는 지하당적 사고에서 깔끔하게 벗어나야 옳다. 잠재적으로 깔려 있는 경직된 사상과 '조직 문화'가 자신의 의도와 무관하게 일상의 말과 행동에서 현재화되어 '사건화' 되거나 국민적 공감대를 얻어가는 데 큰 걸림돌이 되기 때문이다.

41 한국 사회에서 진보의 정치적 실패를 분석하면서 언론과 색깔, 지역을 거론하지 않는 담론은 사실과 다르고 옳지도 못하다. 언론, 색깔, 지역에 갇힌 한국 정치의 소통 구조가 진보정치의 성장을 가로막은 원천적 조건으로 작동해온 게 엄연한 사실이기 때문이다. 그런데 진보정치가 실패한 객관적 조건인 소통 구조만 강조할 때, 한국 정치에서 진보정치는 영원히 실패할 수밖에 없다는 숙명론에 빠질 수밖에 없다. 한국 정치에서 진보정당이 실패해온 주체적 이유를 짚어야 할 이유가 여기 있다. 노파심에서 거듭 강조하지만 이 책은 진보정치 세력이 보수나 개혁세력과 달리 집권 경험이 없고, 국회에 원내 교섭단체를 구성하지 못하는 주체적 요인을 찾는 데 집중하고 있다.

언론이 통합진보당의 비례대표 부정선거 의혹을 날마다 대서특필하며 종북으로 몰아세운 '당권파'인 '경기동부'는 전국연합의 3대 조직 가운데 하나다. '경기동부'와 '인천', '울산'이 그것이다. 그 뒤 '광주-전남'도 독자적 정파를 만들었다. 형식적 민주주의가 어느 정도 구현됐고 인터넷과 소셜미디어가 보편화한 시대에 공개되지 않은 '지하 정파'가 굳이 필요한지 진지하게 물어야 한다. 지하로 남아 있으니 시대와의 소통이 온전히 이뤄지지 않은 채 경직된 태도로 '정파 제일주의'로 기울어지기 십상이다. 그 결과 아니던가. 누구보다 운동에 헌신하며 억척스럽게 살고 있지만, 실은 정파의 굴레로부터 벗어나지 못한 채 하나뿐인 자신의 인생을 희생하는 사람들이 적지 않다.

4월에서 8월까지의 진보 가운데 내가 만난 통합진보당 각 정파의 현장 조직원들은 누구보다 맑고 헌신적이다. 그 기층 민중들의 삶이 조금이라도 나아지게 하는 데 진보정치인들의 소명이 있지 그 반대는 결코 아니다.

정파의 필요성을 부정하는 것이 아니라 정파의 성숙과 확대를 위해 이제는 조직을 공개할 때가 되었다. 공개된 조직에서 어느 때 부터인가 자신도 버겁게 느낄 사상의 경직성을 자연스럽게 풀어가리라고 나는 확신한다. 실사구시의 성찰을 강조하는 까닭도 여기 있다.

실사구시는 말 그대로 사실에 기초하여 진리를 탐구하는 태도다. 소련-동유럽의 몰락과 중국의 체제 전환, 조선민주주의인민공화국이 겪은 고난의 행군은 우리 모두가 마주치고 있는 현실이고 진보정치 세력이라면 더욱 정면으로 인식해야 할 역사적 사실이다. 그 세계사적 경험과 엄연한 사실에 기초할 때, 경직된 사상적 엄숙주의나 권위주의에서 벗어나 겸손하게 진리를 탐구해나가야 할 필요성을 절감할 수 있다.

무엇보다 이상주의와 구호 수준의 담론을 넘어서서 지금과는 다른 사회, 현재의 정치경제체제와 전혀 다르게 국가를 실제로 경영하며 책임질 수 있는 정책을 민중과 겨레 앞에 제시해가야 옳다.

실사구시의 성찰이 절실한 가장 현실적 이유는 다른 데 있지 않다. 이상주의적이거나 모호한 비전은 진보정치 세력 내부에 분열을 낳을 수밖에 없기 때문이다. 민중의 삶, 민중의 고통이 엄중한데도 경직된 사상에 기초해서 주자학적 논쟁에 치중하면 반목하거나 갈라질 수밖에 없다.

진보가 집권 가능한 정치 세력으로 민중 앞에 다가서기 위한 진보 대혁신의 방법을 실사구시의 성찰에 근거해 세 가지로 간추리면 다음과 같다.

첫째, 학습이다. 지금 이 땅의 모든 진보정치 세력은 개개인이 오랜 세월 운동에 헌신해오면서 국민 대다수인 민중의 생활과 자신이 너무 동떨어져 경직된 이념을 고집하고 있지 않은지 깊은 성찰이 필요하다.

무릇 진정한 대통합은 연대를 학습할 때 가능하다. 연대는 자기 사상만이 옳다는 경직성에서 벗어나려는 의식적 노력이 있을 때 가능하다. 지금 민중에게 고통을 주고 있는 신자유주의 체제를 벗어나자는 '최소강령'에 동의하는 모든 사람과 기꺼이 연대하고, 더 나아가 섬겨야 옳다. 그것은 생각보다 쉽지 않다. 진보정치의 특정 정파에 속한 개개인의 내면적 성찰이 필요하기 때문이다.

왜 우리는 6월항쟁의 유배된 아들이 되었는가, 왜 국민은 우리를 전폭적으로 지지하지 않는가, 박근혜가 정치적으로 급성장할 때 정치 일선에 나선 진보는 무엇을 했는가에 대한 개개인의 성찰과 학습, 겸손한 자세 없이 진보 대혁신은 어렵다. 거듭 강조하지만 진보 대혁신의 출발점은 개개인의 자기성찰과 학습이다. 그 성찰은 도덕적이거나 관념적인 게 아니다. 진보세력이 지금 집권했을 때, 대한민국 국정 혁신은 물론, 7,200만 명에 이르는 민족 구성원의 삶을 책임질 국가 운영 능력이 있는가의 문제와 직결되어 있다. 성찰과 학습을 바탕으로 진보세력의 조직을 실사구시의 철학으로 무장해야 한다.

둘째, 토론이다. 진보 대혁신은 진보의 모든 조직이 힘을 모아 구체적 국정 대안을 함께 만들어내는 과정과 맞물려야 한다. 그 과정에서 무엇보다 최대 대중 조직인 민주노총부터 한국 정치를 바꾸겠다는 열정으로 가득 차야 옳다. 민주노총을 비롯해 연석회의 합의문에 서명했던 전농(전국농민회총연맹), 전여농(전국여성농민회총연합), 반빈곤 빈민연대, 빈민해방실천연대, 전국빈민연합, 전국여성연대, 진보교연, 진보통합시민회의, 한국청년연대는 물론, 통합진보당과 진보신당도 내부 구성원들을 상대로 조직적인 학습과 토론을 벌여야 한다.

다만 학습과 토론의 고갱이, 학습과 토론의 철학, 학습과 토론의 작풍은 실사구시의 성찰에 밑절미를 두어야 옳다. 왜 지금 진보 대혁신인가, 진보가 집권하면 국정을 어떤 정책으로 담당할 것인지가 그것이다. 그런 토론 과정이 있을 때 비로소 진보의 모든 대중 조직은 물론, 구성원 개개인이 진보 대통합 정당의 선전자와 조직자가 될 수 있다.

셋째, 소통이다. 학습과 토론으로 대혁신을 이룬 진보정치 세력의 다음 과제는 자연스럽게 도출된다. 학습과 토론을 온전히 했다면 지금 이 땅의 한국 정치에서 아무런 희망도 찾지 못하고 있는 국민 대다수와 최대한 소통을 넓혀가겠다는 의지가 충만할 수밖에 없기 때문이다. 진보정치 세력이야말로 한국 경제를 살릴 수 있다는 사실을, 고통받는 당신의 인생에 힘이 될 수 있다는 진실을, 체념할 게 아니라 함께 세상을 바꾸자는 희망을 최대한 많은 국민과 나눠가야 한다. 실사구시적 성찰에 기반한 학습과 토론은 나누면 나눌수록 더 큰 진보 대통합으로 이어질 게 틀림없다. 기존의 진보정치 세력들이 미처 담아내지 못했던 수많은 사람들을 묶어 세워야 한다.

나는 2010년에 진보 대통합의 원칙으로 '반신자유주의/분단체제 극복/국정 대안 제시' 3항 18자를 원칙으로 제안했다. 신자유주의 체제와 분단체제를 넘어서자는 데 동의하는 모든 사람이 국정 대안을 중심으로 뭉치자는 뜻이었다. 진보 대통합이 실패로 끝난 지금 진보 대혁신의 원칙을 다시 3항 18자로 제안한다. '실사구시 학습/대안사회 토론/국민과의 소통'이 그것이다. 큰 혁신의 길은 실패로 끝난 미완의 진보 대통합을 다시 이루는 길로 이어져야 옳다.

비단 진보정치 세력화에 나선 사람들만이 아니다. 4월에서 8월까지 모든 진보가 각자 생업에 몸담고 있으면서도 진보세력이 책임지고 실현할 수 있는 사회의 비전을 학습하고, 토론을 통해 국민 대다수인 민중의 이해관계에 기초한 '경제 살리기' 정책을 소통해나간다면 진보의 집권이 그리 먼 미래의 일이 아니라고 확신한다.

무릇 큰 혁신은 지나온 길을 모두 부정하는 데 있지 않다. 과거의 잘잘못을 가리면서 진보가 함께 이룬 성과를 새로운 출발점으로 이어가는 슬기가 필요하다. 바로 그 점에서 2011년 5월에 진보진영 대표자 연석회의가 진보 통합을 합의할 때 '부속 합의문'으로 내놓은 '20대 주요 정책 과제'는 지금도 유효하다.

1) 노동시간 대폭 단축을 통한 일자리 창출, 비정규직 해소, 파견제 폐지, 동일노동 동일임금 실현, 청년실업 해소, 생활임금 보장, 산별 교섭 제도화 등 민주적 연대적 노사관계 구축
2) 교사·공무원 및 특수고용직 노동자를 포함한 노동3권의 완전 보장 및 노사관계의 민주화
3) 주요 농산물 국가 수매제도 도입을 통한 식량 주권 확보 및 농민 소득 보장, 공동체가 살아 있는 농촌과 지속 가능한 농업 구축
4) 보편적 복지체제와 자산의 불평등 해소 및 사회적 재분배 강화 등 사회 전반의 진보적 개편을 뒷받침하는 증세를 통한 조세재정 혁명
5) 재벌의 소유·경영 독점 해소 등 독점재벌 중심 경제체제로부터의 탈피, 중소기업 육성 및 영세 자영업자 등 보호, 국민연금 등 각종 연기금에 대한 노동자·민중 참여 강화, 기술－고용－생태 친화적인 적극적 산업정책, 협동조합 등 사회적 경제에 대한 지원과 제도 개선
6) 국제 투기자본에 대한 토빈세 도입 등 규제 강화, 투기적 금융자본 규제 등 금융부문의 공공성 강화와 사회화 추진, 파생 금융상품 규제, 서

민 금융 배제 해소

7) 순환식 재개발 추진 및 세입자 권리 보장, 토지 사회화 추진 및 주택 공영제, 사회주택 확대, 공정 임대료제 도입 및 저소득층 주거비 지원 등 토지 공공성 강화와 국민 주거권 보장

8) 의료 민영화 저지와 무상의료 실현, 주치의제도 도입 등 공공의료 확대, 공적인 사회 서비스 확대를 통한 돌봄사회 실현, 상대적 빈곤선 도입과 빈곤층 사각지대 해소를 통한 국민 기본생활 보장, 보편적 기초노령연금 도입과 증액, 실업 및 아동수당 신설 등 보편적 복지체제 구축, 경비업법 · 행정대집행법 전면 개정, 생계형 노점상 단속 중단

9) 재벌 언론 · 언론재벌의 종합편성채널 특혜 저지 및 신문 · 방송의 공공성 확보와 민주화, 대안언론 지원

10) 고교 평준화, 대학 서열체제 혁파와 모든 대학의 균등 발전, 대학 등록금 문제 해결과 무상교육 확대 등 전면적인 교육개혁

11) 모든 국민이 누릴 수 있는 문화적 권리 보장과 문화 다양성이 인정되는 문화 민주주의 구현, 독립문화예술 활동 지원

12) 여성의 임신출산 결정권과 성적 자기결정권 보장, 남녀 성별 임금 격차와 노동시장 내 성차별 해결 등 여성의 권리 보장, 장애인 노동권 보장 및 자립생활 보장, 진정한 다문화 사회 정착을 위한 이주민 권리 보장, 다양한 가족 구성권 보장 등 장애인 · 이주노동자 · 성소수자 등 사회적 소수자 권익 옹호

13) 4대강 사업 및 운하 건설 저지와 생태 복원 등 친환경정책, 핵발전의

단계적 폐기, '정의로운 전환' 방식을 통한 친환경 재생가능 에너지 체제 수립

14) 과학기술 발전에 대한 민주적-사회적 규제 강화

15) 군 · 경찰 · 행정관료 기구 전반의 민주적 개편, 검찰 · 사법부 개혁, 국가보안법 철폐, 전의경제 폐지 및 양심에 따른 병역 거부자를 위한 대체복무제 도입

16) 공공부문 민영화 반대와 공공성 강화를 위한 운영의 투명화-민주화

17) 정치 선진화를 위한 대선 결선투표제와 독일식 정당명부 비례대표제 도입 등 선거법 개정, 예산과 정책 결정 등에 대한 국민들의 직접민주주의 참여 확대, 지역별 재정 격차 해소, 수도권 과밀 해소, 지역 자원을 활용하는 지역 주민 주체의 지속 가능한 지역 발전 추구

18) 국군의 해외 파병 반대, 한반도 외국군대 철수, 휴전협정의 평화협정으로의 대체, 한반도 · 동북아 비핵평화체제 구축 및 선제적 군비 동결과 남북 상호 군비 축소, 6 · 15공동선언과 10 · 4선언의 이행 및 자주적 평화통일 추구

19) 대미 · 대중 등 자주 · 평화 · 선린 · 균형 외교, 남반구 저개발국가 지원, 유엔 등 국제기구의 강대국 중심 체제 개편

20) 한 · 미FTA, 한 · EU FTA 반대, 호혜적 공정무역체제 수립에 기여하는 대외 통상정책

허투루 보며 그냥 읽고 넘길 사안이 아니다. 꼼꼼하게 다시 읽어

보자. 주체적 역량을 무시한 채 주관적 의지만 선언하며 선동할 때가 결코 아니다. 연석회의가 합의한 20개 정책, 그 정도만 실현되어도 대한민국에서 살아가는 사람들의 일상은 크게 달라질 수 있다. 그다음은 그것을 이룬 다음에 풀어야 옳다. 물론, 20개 정책과제도 학습과 토론으로 더 구체화해나가는 과정이 필요하고 그 과정 자체가 국민과의 소통이어야 한다.

전환시대 모든 진보에 고함

역사를 긴 눈으로 본다면 오늘 한국의 진보가 직면해온 현실, 20세기 말부터 21세기 현재까지 인류는 전환시대를 통과하고 있다. 그 전환은 리영희가 1974년 진단했을 때보다 더 깊고 더 근본적이다. 리영희가 높이 평가했던 중국의 문화대혁명이 참담한 실패로 귀결되었음은 물론, 소련-동유럽의 사회주의 체제가 무너져 내렸다. 자본주의 또한 2008년 시작된 금융위기로 크게 흔들리고 있다.

그래서다. 그 어느 때보다 세계 모든 나라의 진보정치 세력에게 미덕은 실사구시의 성찰이다. 세계사적 전환시대를 맞고 있는 현 단계에서 한국의 진보는 신자유주의와 분단체제를 넘어서는 데 힘을 모아야 옳다.

따라서 지금 고통받고 있는 민중 가운데 혹 진보정치 세력의 목표가 조선민주주의인민공화국 체제로의 통일이라거나 소련식 사회주의 체제라고 오해하는 사람들이 있다면, 그 오해를 씻는 데 더 적극 나서야 마땅하다. 조중동이 종종 그렇게 보도해왔기에 그 오해는 광범위하게 퍼져 있는 게 엄연한 현실이다.

기실 우리 사회에서 진보 대통합의 여론이 컸던 이유도 자주파나 평등파의 정치인들을 위해서가 아니었다. 진보적 지식을 글로 옮겨 살아가는 지식인을 위한 것은 더더욱 아니었다. 지금 이 순간도 미국이 주도하고 남쪽의 수구-보수세력은 물론, 자유주의 개혁세력마저 추종하는 신자유주의적 세계화로 생존권이 위협받고 있는 민중을 위해서다. 실현 가능한 새로운 사회의 그림을 제시하고 구체적 정책을 마련해 나누는 게 진보정치 세력의 시대적 임무라고 강조해온 이유도 같은 맥락이다.

그렇다면 진보의 정치 세력화에 직접 참여한 사람들이 아닌 대다수 진보의 과제는 무엇일까?

4월에서 8월까지 젊은 시절 정의로운 꿈을 지녔던, 하지만 그 이후는 일상의 경제생활에서 참으로 억척스럽게 살아온 수많은 진보는 진보정치 세력의 지리멸렬 앞에 실망하거나 그저 자조해야 옳은가.

아니다. 젊은 날의 정의롭고 깨끗한 꿈을 무덤까지 가져가지 않으려면 개인적 무력감부터 벗어나야 한다. 모든 진보에게 충심으로 고

하는 까닭이다.

"정치를 바꿔라!"

4월에서 8월까지 진보에게 그 말은 뜬금없게 다가올 수 있다. '정치'에 부정적 어감이 덧칠되어 있을뿐더러 실제로 정치판에 들어간 숱한 진보가 실망을 안겨주었기 때문이다.

하지만 근본적인 물음으로 돌아갈 필요가 있다. 왜 일찍이 아리스토텔레스는 인간을 '정치적 동물'이라고 했던가? 개개 인간이라는 존재가 정치를 떠나서 살 수 없기 때문이다. 기실 우리 모두는 특정 정치체제 속에 살고 있다. 그럼에도 그 정치를 의식하지 않으며 산다는 것은 바로 그 특정 정치체제를 의식하든 아니든 지지하며 살고 있다는 뜻이다. 정치 경멸 또한 하나의 정치 참여다.

4월에서 8월까지 모든 진보, 경제생활로부터 벗어날 수 없었던 진보에게 경제는 일상이 되었다. 문제는 그 경제생활조차 정치가 틀지운다는 데 있다. 더러는 경제가 정치를 규정한다고 판단할 수 있다. 하지만 정치를 더 넓게 볼 일이다. 진보정당이 오랫동안 집권해 온 북유럽 국가들만이 아니다. 노동당이 10여 년 넘게 집권하고 있는 브라질도 경제생활이 우리와 다르다.

한국의 대다수 진보는 정치를 두 가지로 해석한다. 과거 독재권력과 맞섰을 때처럼 온몸을 던지는 헌신적 투쟁이거나, 아니면 출세주의자들의 욕망으로 가득 찬 부패한 세계가 그것이다. 현실에서 전자는 정치에 대한 경원으로 후자는 경멸로 나타난다. 4월에서 8월까지 모든 진보에게 이제 두 극단에서 벗어날 것을 정중히 제안하고 싶다.[42]

무릇 경제생활과 정치생활은 현실에서 나누어져 있지 않다. 둘이 별개라는 인식부터 성찰이 필요하다. 내가 지금 출퇴근하고 있는 것이 경제생활이 아니라 정치경제 생활임을 직시해야 한다. 이를테면 비정규직이 거의 없었던 일터에 비정규직이 과반 넘도록 차 있는 현실은 왜 경제생활이 정치생활과 이어져 있는가를 단숨에 깨우쳐준다.

그럼에도 만일 누군가 자신은 경제생활에만 성실하게 살아간다고 자부한다면, 분명히 말하지만 그는 실제로는 특정 정치생활을 하고 있는 것이다. 지금의 경제생활을 틀 지운 정치 세력을 지지하는 셈이다.

그래서다. 현대사회에서 살아가는 사람들의 정치경제 생활에서 진보가 구체적으로 실천해나갈 수 있는 방안을 두 가지로 권고한다.

첫째, 정치생활이다. 왜 정치생활의 생활 정치가 필요한가. 일상의 진보는 물론 국민 대다수가 각각 섬처럼 고립되어 있어서다. 기실 4월에서 8월까지 모두 나와는 무관하다고 생각하는 국민들이 적지 않다. 그들과 소통에 나서야 한다. 그들은 왜 세상과 소통하지 않

42 대학에서 사회복지학을 강의하고 있는 한 '386세대'는 자신이 정치에 무관심한 이유를 다음과 같이 토로했다. "후배 결혼식에 갔었는데 가기 전에 많은 고민을 했다. 가야 되나 말아야 되나. 그 친구하고 학교 다닐 때 같이 열심히 학생운동하고 끈끈하게 생활을 했는데 그를 현실에서 만난다는 게 두려웠다. 학생운동 시절의 기억과 추억들이 지금 힘이 되는 게 아니라 일종의 트라우마, 정신적 외상으로 작용을 하고 있지 않나 싶다. 그때 관계를 맺었던 사람들을 만나기 싫고 정리하고 싶다는 생각이 들 정도로 그때의 기억과 추억들을 지워버리고 싶다는 생각들이 많았다. 그런데 사실은 지울 수 없다. 나만 그런 것인지 아니면 다른 사람 다 그런 것인지 모르겠지만 그때 활동했던 것들이 돌이켜보면 굉장히 부끄럽고 정직하지 못했던 것 같고 사기 쳤던 것 같다. 이런 생각들을 할 때면 스스로 무력해진다. 대학에서 학생들을 가르치는 위치에 있으면서도 정치 이야기를 꺼내는 것이 상당히 조심스럽다. 꼭 내 속내를 드러내는 것 같아 자제

는가를. 무엇을 위해 억척같이 살고 있는가를 새삼 물어야 한다. 힘이 잔뜩 들어간 채 무엇을 가르치겠다는 무거운 의식에서 벗어나 어깨에 힘을 빼고 별의 꿈을 나누는 경쾌한 자세가 필요하다. 물론, 그 물음은 자신에게도 던져야 옳다.[43]

21세기를 살아가는 사람들에게 왜 세상과 소통하지 않는가의 물음은 낯설 수 있다. 대다수 국민은 곳곳에 넘쳐나는 미디어와 적극 소통하고 있기 때문이다. 최장의 노동시간을 자랑하는 국가에서 국민 대다수가 억척스럽게 살아가면서도 얼마 안 되는 여가시간 대부분을 텔레비전 드라마 시청으로 보낸다. 케케묵은 바보상자론을 펴려는 게 아니다. 다만 차분히 토론해볼 필요는 있다. 코흘리개 시절부터 지금까지 우리가 얼마나 많은 드라마를 보았는가를. 드라마에 나오는 대기업 회장과 그 가족들의 모습은 한결같다. 주인공인 대기업 회장의 아들이나 딸이 가난한 서민의 자녀와 사랑을 나누는 드라마가 주류다.

실제 현실은 어떤가. 텔레비전에서 날마다 벌어지는 그런 사랑은 아주 드물다. 더구나 백화점 사장의 아들이 백화점 판매직 여성노동자와 사랑을 나누는 따위의 낭만은 현실에서 전혀 벌어지지 않는다. 순수하고 인간적인 재벌 2세는 텔레비전에 수백여 편의 드라마에서 주인공으로 등장했지만, 우리는 그 '베일'에 가린 재벌 2세의 생얼

하는 것 같다." 그는 심지어 친구들과도 얼마든지 정치 이야기를 편하게 할 수 있는 상황임에도 하지 않는다며 그것이 과거에 대한 부끄러움, 수치감, 어떤 죄의식 때문이 아닌가라는 질문을 던져보고 싶다고 말했다. 또 다른 386은 학생운동 시절의 순수하고 헌신적인 자세가 오히려 현실의 정치에 참여하는 것을 방해하고 있다며 "그걸 뛰어넘어야 되는데 스스로 거기에 갇혀 자기가 적극적으로 사회에 참여하지 못하는 현실을 합리화하는 것 같다. 그래서 지나치다 싶을 정도로 진보세력들에 가혹한 잣대를 들이대고 결국 위축되면서 스스로 합리화하는 그런 부분들이 아쉽다"고 말했다. 요컨대 두 386의 진솔한 고백은 진보가 정치를 '혁명적 순결성' 아니면 '부패의 온상'이라는 이분법에서 벗어나 전환시대에 맞춰 시각 조정이 필요하다는 교훈을 준다.

굴을 똑똑히 목격했다. 1인 시위를 벌이던 50대 노동자를 불러 야구 방망이와 주먹으로 마구 때린 젊은 재벌 2세는 '매 맞은 값'이라며 돈뭉치를 선심이라도 쓰듯 툭 던졌다. 또 이미 '총수'가 된 또 다른 재벌 2세는 자신의 20대 아들이 술집에서 시비가 일어 맞고 들어오자 때린 청년들을 찾아내 납치한 뒤 조폭이 지켜보는 가운데 마구 두들겨 팼다. 재벌 2세들의 망나니짓과 노동자들의 자살과 연이은 분신이 상징하듯이 대한민국은 천박한 자본주의 체제 아래 놓여 있다. 국내 최대 재벌로 대한민국을 대표하는 브랜드 삼성의 최고 책임자 이건희를 보라. 재벌 2세의 상징인 그가 불법을 저지른 뒤에도 국민에게 정직하라며 늘어놓은 '훈계'만이 아니다. 헌법이 보장한 노동조합을 바라보는 그의 시각이 얼마나 중세적인지, 삼성의 반도체 공장에서 희귀병으로 죽어간 젊은 여성 노동자들 앞에 그가 어떻게 처신했는지를 똑똑히 바라보아야 야만이 되풀이되지 않는다.

자본이 천박한 언행을 서슴지 않는 이유는, 자신들의 뒤를 봐줄 권력이 존재하기 때문이다. 자본과 권력의 유착은 잘 드러나지 않지만 세계사적으로 '유서' 깊다. 대한민국 현대사를 돌아보아도 마찬가지다. 자본은 마치 정치에 초연한 듯 행세한다. 바로 그것이야말로 자본의 정치적 전략이다. 자본은 정치와 경제가 무관한 듯 꾸민다. 기업 활동에 발목 잡지 말고 규제를 완화해달라는 저들의 주장 – 그

43 40대에 들어선 한 진보는 "386으로 일컫는 세대들은 자기가 민중에 포함되어 있지 않다고 생각했다. 그러다 보니까 그런 괴리감이 지금도 내가 주체인가라는 생각이 들 정도로 무력하고 패배적인 느낌에 사로잡혀 있는 것 같다"고 말했다. 진보정치 세력화에 나선 사람들은 물론 대다수 일상에서 살아가고 있는 진보들은 그들 자신이 민중의 한 사람이라는 진실에 눈뜰 필요가 있다.

것이 신자유주의다 – 은 얼핏 그들이 정치를 멀리한다는 착시현상까지 불러일으킨다.

하지만 그 가식의 누더기를 벗기면 우리 사회에서 자본이 어떻게 '단결'하고 있는지, 어떻게 정치를 좌우하는지 진실이 곧장 드러난다. 저들은 전국경제인연합회(전경련), 한국경영자총협회(경총), 대한상공회의소들로 뭉쳐 노동운동과 진보적 입법에 공동으로 대처한다. 자본의 막강한 물적 토대 탓에 수많은 언론과 대학, 심지어 문학 예술과 종교에 이르기까지 이른바 '여론 주도층'이 자본의 주변에 들뀐다. 자본은 특히 신문과 방송을 광고, 곧 돈으로 통제하며 여론을 좌우한다. 재벌 2세를 순수한 호감형으로 그려주는 드라마 제작도 그 연장선에 있다. 적잖은 민주노총 조합원들까지 자본을 대변하는 정당들에 투표하는 이유는 자본이 언론과 손잡고 국민 대다수의 생각을 자신들의 틀(프레임)에 가두었기 때문이다.

대한민국에서 정치권력, 경제권력, 언론권력(정경언)의 3각 동맹이 지닌 '단결'의 힘은 우리가 생각하는 이상으로 강력하다. 겉으론 단결을 부르대지 않으면서도 늘 힘을 모으는 저들과 견주면 노상 단결을 부르대면서도 늘 분열하는 진보의 모습은 얼마나 꼴사나운가. 신자유주의 체제와 분단체제를 벗어나자는 데 모두 동의하면서도 분열과 반목을 일삼는 윤똑똑이들의 언행은 기실 우리 시대에 고통받고 있는 민중과 민족 앞에 '범죄'다.

자본은 자신들의 이익을 정치로 구현하는 정당들을 줄곧 지원해 왔다. 그동안 알게 모르게 거액의 정치자금이 자본에서 권력으로 흘러들어 갔다. 독재 시기에도 자본은 이익을 위해 군부독재와 적극 야합했다. 김대중-노무현 정부 시기에도 자본은 세 단체를 통해 단결했고 자신들의 이익을 관철시켰다. 자본은 자신들이 전폭 지지한 이명박 정권이 들어선 뒤 법인세와 상속세 인하, 종합부동산세 무력화, 방송사 소유규제 완화를 비롯해 여러 이익을 '전리품'처럼 챙겼다.

정중히 묻고 싶다. 그렇지 않아도 살찐 자본은 정치적 단결로 자신들의 추한 이익을 야금야금 챙기고 있는데, 왜 국민 대다수는 저들에게 '돌직구' 던지기는커녕 자신이 마땅히 누려야 할 정당한 이익조차 찾지 못하고 있는가? 참으로 울뚝밸 치밀 일 아닌가. 경제생활의 굴레에 묶여 살아가는 국민 대다수와 적극 소통해야 할 이유가 여기 있다.

정치생활의 구체적 방법도 명확하다. 학습과 토론이다. 일터에서, 학교에서, 집에서 바로 옆의 사람들과 학습하고 토론하는 작은 모임들을 만들어가야 한다. 일터의 동료나 대학의 학우들과, 함께 사는 가족과 정기적으로 독서하고 토론하는 모임이나 대화 시간을 갖는 것은 쉬운 일은 아니다.

하지만 4월에서 8월까지 모든 진보가 젊은 시절 겪었던 어려움에 견주면 분명 쉬운 일이다. 실사구시 철학으로 성찰하는 길, 학습과 토론과 소통의 길에 진보 개개인이 나설 때 바로 그것이 생활 정치이자 정치생활, 정치경제 생활이다.

그것은 대학 내에서 소수가 된 학생운동이 부활하고 노동운동이 한국 민주주의를 성숙시켜가는 주체로 거듭나는 과정에서도 중요하다. 실사구시의 성찰에 바탕을 둔 학습과 토론, 소통은 학생운동과 노동운동의 현장을 살려내는 길이다. 현장이 살아날 때 진보의 정치 세력화도 의미 있는 열매를 맺을 수 있기에 더욱 그렇다.

둘째, 새로운 정당이다. 통합진보당이 진보의 미래가 될 가능성은 사라졌다. 출세주의자들로 가득 찬 민주당이 진보정당으로 전환할 가능성도 크지 않다. 물론, 민주당에 올곧은 정치인들이 없는 것은 아니다. 통합진보당에도 있고, 진보신당에도 있고, 지금 진보정당들과 민주당이 포괄하지 못한 진보정치 세력이 있다. 하지만 그들은 뿔뿔이 흩어져 있다.

여기서 4월에서 8월까지 누구나 한 번쯤 들었을, 또 때로는 뜨거운 마음으로 암송했을 시 '나의 당에게'를 모든 진보와 새삼 나누고 싶다. 칠레의 시인 파블로 네루다의 시를 민중시인 김남주가 감옥에서 우리말로 옮겼다.

그대 덕분에 나는
낯선 사람들과 형제가 되었다
그대 덕분에 나는
살아 뻗어가는 모든 세력에 가담했다
그대 덕분에 나는
다시 태어나 조국을 되찾았다
그대는 나에게 주었다
외로운 사람들이 알지 못한 자유를
그대는 나에게 가르쳐 주었다
친절이 불처럼 타오르는 것을
그대는 똑바로 서게 해주었다
똑바로 뻗어가는 나무처럼
그대 덕분에 나는 배웠다
사람들 사이의 일치점과 상위점을 분별하는 기술을
그대 덕분에 나는 알았다 한 사람의 고통이
어떻게 하여 만인의 승리 속에서 사라지는가를
그대 덕분에 나는 배웠다
형제들의 딱딱한 침대에서 자는 기술을
그대는 현실 위에 나를 붙박아주었다
꿋꿋하게 바위 위에 서 있는 것처럼
그대 덕분에 나는 악당들의 적이 되고

분노한 사람들을 지켜주는 벽이 되었다
그대는 내가 보도록 해주었다
빛으로 가득 찬 밝은 세계와 커져가는 기쁨을
그대는 내가 사멸하지 않도록 해주었다
왜냐하면 그대 속에서 나는 이미 나 혼자만으로
끝나는 것이 아니기 때문에.

거듭 4월에서 8월까지 모든 진보에게 묻는다. 그대, '나의 당'이 있는가를. 없다면 만들어야 옳다. 정의롭고 깨끗한 꿈을 칠흑 같은 어둠의 무덤이나 시뻘건 불길이 날름거리는 화장장으로 가져가지 않으려면 힘을 모아 '나의 당'을 이 땅에 내와야 옳다.

지구촌의 모든 사람들이 우리처럼 사는 것은 아니다. 거듭 강조하거니와 북유럽 복지국가만 두고 하는 말이 아니다. 한국보다 생활수준이 훨씬 낮은 베네수엘라와 브라질을 보라. 베네수엘라에선 차베스가 주도하는 반신자유주의 혁명이 진행 중이다. 브라질에선 노동자 출신 대통령 룰라를 '얼굴'로 한 노동당이 그의 퇴임 이후까지 10년 넘게 집권하고 있다. 두 나라에서 부익부 빈익빈 구조는 뚜렷하게 개선되었다. 김대중-노무현 정부와 같은 시기에 집권한 차베스와 룰라가 각각 두 나라에서 빈부차를 줄였고 지금도 그렇다는 간단한 사실만으로도 한국 진보세력은 고통받는 민중 앞에 석고대죄해야 옳지 않을까.

그렇다. 진보 대통합이 최우선으로 섬길 대상은 민중이다. 민중의 거울로 자신을 비춰보면 미완과 실패로 귀결된 대통합을 다시 추진하는 일도 어렵지 않다. 민중을 섬기는 대통합의 이념을 두고 관념적 논쟁은 무익하다. 간명한 철학이 있다. 반신자유주의, 분단체제 극복, 국정 대안 제시, 3항 18자가 그것이다. 대통합의 실사구시 철학이다.

실사구시의 성찰로 통합진보당과 진보신당은 물론, 두 당이 담아내지 못한 진보정치 세력을 모두 아우르는 대통합 정당을 창당하는 길에 4월에서 8월까지 모든 진보가 적극 동참해야 한다. 연석회의를 다시 꾸리는 일도 좋은 방안이다.

다만, 그 연석회의는 2011년 연석회의보다 더 넓고 더 아래로부터 올라와야 한다. 진보정치를 직업으로 삼아온 사람들의 수준, 정파적 정치 운동의 고답적 틀을 벗어나야 한다. 경제생활에 매몰된 채 살아온 4월에서 8월까지 수많은 진보들이 지금부터 생활정치의 정치생활-거듭 강조하거니와 실은 정치경제생활-을 한다는 다짐으로 새로운 당 건설에 각자가 서 있는 자리에서 자기가 낼 수 있는 작은 힘들을 더해가야 한다. 민족이나 계급을 위해서가 아니라 바로 민중의 한 사람인 자신을 위해서라는 의식의 전환이 절실하다.

정치, 경제, 언론의 권력 3각 동맹에 맞서 신자유주의 체제와 분단체제를 돌파할 강력한 정당의 건설은 시대가 요구하는 과제다. 통합진보당이 중심이 되어 진보의 갈망을 충족하긴 어렵다. 4월에서 8월까지 모든 진보의 갈망을 실현하려면 신자유주의와 분단체제를 넘어서는 데 동의하는 모든 사람, 모든 조직을 묶어낼 수 있는 큰 그릇이 필요하다. 통합진보당은 그 10분의 1에 만족하겠다는 겸손하고 담대한 자세로 진보를 재구성하는 데 참여해야 옳다.

통합의 틀 자체를 새롭게 짜 우리 시대가 풀어야 할 과제를 책임질 철학과 실천 의지가 있는 새로운 정당을 만들어내야 한다. 그 정당의 이름에 굳이 진보가 들어가지 않아도 무방하다.[44] 중요한 것은 이름이 아니라 내용이기 때문이다. 그것은 전두환의 민주정의당에 '민주'도 '정의'도 없었던 것과 같은 이치다.

2011년 연석회의에서 진보 대통합 정당의 강령과 정책을 논의할 당시 나는 '새로운 통합진보정당이 추구해야 할 근본적인 가치와 사회변혁 노선'을 다음과 같이 제안했다.

"우리 당은 돈이 사람을 지배하는 자본주의 체제를 넘어선 새로운 사회를 실현하는 데 궁극적 목적이 있다. 우리는 20세기 세계 진보운동의 성공과 실패를 냉철하게 평가하고 21세기의 주·객관적 조건에 맞춰 주권자인 국민과 더불어 새로운 사회를 책임 있게 열어나

44 기실 『신문 읽기의 혁명2』와 『민주주의 색깔을 묻는다』에서 제안했듯이 보수와 진보를 넘어 무엇이 진실이고 공정인지가 중요하다. 지금까지의 진보정당 논의도 틀을 넓힐 필요가 있다. '정의롭고 깨끗한 큰 그릇'의 맥락에서 새로운 당에 대한 개념적 혁신이 필요하다.

갈 것을 선언한다. 모든 사람이 자유롭고 평등하게 자기실현을 이뤄가는 사회를 통일조국에 구현하는 길에서 우리 당은 언제나 최전선에 서 있을 것을 약속한다."

이어 '중-단기적 목표'를 "그 길에서 우리 당은 돈과 시장 만능주의의 신자유주의 경제체제를 개혁해 사람 중심의 민주적 경제체제를 이룸으로써 대한민국 헌법이 보장한 노동권과 행복권을 실현하고 모든 권력이 국민으로 나오는 민주공화국을 명실상부하게 구현하며, 남과 북의 적대적 분단체제를 넘어서는 데 중·단기적 목표를 둔다"고 정리했다.

기실 지금 보아도 참 소박한 제안이다. 더 줄여 이야기하자면 "자본 아닌 사람 중심, 대결 아닌 대화 중심"의 세상이다. 한마디로 줄이면 "돈보다 삶"이다.

더할 나위 없이 질박하지만 적어도 진보의 모든 세대, 국민 대다수의 가슴에는 다가갈 수 있다고 생각한다. 꼭 그것이 아니더라도 소박하고 단순한 철학을 밑절미로 연석회의가 합의한 20대 정책 과제와 지난 5년 동안 진보 싱크탱크들이 내놓은 정책 대안들을 학습하고 토론하며 소통해나간다면, 통합진보당의 깨진 그릇으로는 결코 담아낼 수 없는 사람들을 모두 아우르는 대동단결의 큰 그릇을 만들어갈 수 있다.[45]

45 진보교연은 2011년 6월에 낸 결의문에서 다른 진보정치 세력들에 대해서도 새로운 진보정당 건설 참가를 호소했다. 진보교연은 "연석회의에 참여했던 사회당이 합의 내용에 대한 이견으로 막판에 연석회의를 이탈한 것을 매우 안타깝게 생각한다. 이번 합의에 참여하지 않은 사회당은 물론 사노위(사회주의노동자정당건설 공동실천위원회) 등 여타의 진보정치 세력들도 대승적 차원에서 새로운 진보정당 건설에 합류하여 명실상부한 진보 대통합을 이루어 우리 사회의 진보적 변혁을 실현하는 데 힘을 모아줄 것을 부탁한다"고 밝혔다. 진보 대통합의 실패를 딛고 깊은 성찰과 큰 혁신으로 새롭게 진보정치 세력을 재구성할 필요가 있다.

나는 대한민국 국민 대다수인 민중은 준비가 되어 있다고 확신한다.[46] 학습하고 토론하는 민중의 전형으로 전태일과 허세욱을 꼽을 수 있다. 청년노동자 전태일이 '바보회'를 조직하고 학습과 토론에 열정을 쏟은 사실은 잘 알려져 있다. 50대 노동자 허세욱도 그랬다. 고인의 작은 단칸방에는 여러 강연 때 빼곡히 받아 적은 공책이 가득했다.[47]

허세욱은 거기서 그치지 않았다. 택시 손님들에게 유인물을 나눠주고 끊임없이 대화하며 토론했다. 일을 마치고 달동네인 봉천동 셋방으로 가는 새벽길까지 남은 유인물을 집집마다 넣었다. 국민과 소통하는 모범 아닌가.

진보정당의 얼굴은 명망가나 정파의 실력자가 아니라 평당원으로 열정을 불태웠던 노동자 허세욱이어야 마땅하다. 평당원 노동자의 삶과 죽음 앞에 19대 총선 뒤 불거진 통합진보당 사태를 비춰보면 얼마나 개탄스러운가.

박정희 정권에서 학습하던 전태일이, 노무현 정권에서 토론하던 허세욱이 소통의 마지막 수단으로 스스로 몸을 활활 불사를 때 4월에서 8월까지 그 모든 진보는 어디에 있었는가.

지금 이 물음을 던지는 나 자신을 비롯해 우리 모두 자신이 걸어온 길을 성찰하며 자문해보아야 옳지 않을까. 지금 나는 무엇을 위

46 심지어 25년 전에 일어난 7~8월의 노동자대투쟁에서도 노동 현장에 들어가 활동했던 학생운동 출신들의 힘보다는 노동자들 스스로의 자생적 투쟁이 더 많았다는 역사적 사실을 인식할 필요가 있다. 민중 앞에 겸손해야 할 이유다. 민중은 진보정권을 받아들일 준비가 되어 있는데 그 앞에 진보가 미덥지 못한 이유를 우리가 똑바로 직시하고 성찰해야 한다.

47 향린교회에서 강연할 때 수첩에 기록해가던 고인의 겸손한 모습을 잊을 수 없다. 진보 대통합을 촉구하며 "학습하는 당신이 희망이다"를 책 제목으로, "민중의 슬기가 희망이다"를 신문 칼럼 제목으로 쓸 때 고백하거니와 내 머리에는 노동자 허세욱이 자리하고 있었다. 새사연 원장으로 일할 때 사무실 책상 위에도 허세욱의 넉넉한 얼굴 사진을 세워놓고 있었다. 나는 지금 이 순간도 이 땅 곳곳에 또 다른 허세욱이 살아가고 있으리라고 확신한다.

해 억척스럽게 살고 있는가를.

물론, 두 열사만이 아니다. 한진중공업의 희망버스 행렬을 보라. 쌍용자동차 노동자들의 투쟁을 보라. 10여 년 넘도록 무수히 타올랐던 촛불들을 보라.

민중은 준비되어 있다고 확신하는 까닭이다. 그 민중과 더불어 우리가 열어갈 길은 스웨덴이나 핀란드와 같은 북유럽 길도, 베네수엘라나 브라질 같은 남미의 길도 아니다. 사회주의나 민주주의와도 거리가 먼 조선로동당의 길도 아니다.

우리는 그 누구도 아닌 우리의 길을 담대하게 열어가야 옳다. 4월에서 8월까지 이미 우리는 줄기차게 길을 내왔다. 4월혁명, 5월항쟁, 6월항쟁, 7~8월 노동자대투쟁, 8월 연대항쟁은 2008년 5월부터 8월까지 여울여울 타올랐던 촛불항쟁의 기간과 겹친다.

'4월에서 8월까지'는 물리적 나이로 살피면 70대 노년부터 촛불을 들고 거리로 나왔던 10대까지 모두 포함된다. 바로 그 진보와 지금 이 순간 억척스럽게 살아가고 있는 모든 국민 사이에 소통이 절실하다. 그것이 생활 정치의 고갱이이자 아래로부터 '새로운 당'을 내올 수 있는 길이다. 정치를 바꾸는 길, 국민 대다수의 정치경제 생활, 곧 삶을 바꾸는 길이다. 모든 진보에게 고한다. 아니, 호소한다.

"학습하라, 토론하라, 소통하라."

닫는 글

별이 사라진 시대의 별

별이 사라진 시대의 별

"별이 빛나는 창공을 보고, 갈 수가 있고 또 가야만 하는 길의 지도를 읽을 수 있던 시대는 얼마나 행복했던가."

일찍이 게오르크 루카치가 남긴 말이다. 딱히 루카치가 그 글을 쓸 때의 의미는 아니더라도, 그 말은 4월에서 8월까지 모든 진보의 빈 가슴으로 파고들 독백이 아닐까.

기실 우리에게도 별이 빛나는 시대가 있었다. 아마도 가장 그 말에 공감할 사람은 1980년대에 화염병을 들고 군부독재와 싸웠던 세대와 1996년 8월 연세대에 모였던 한총련 세대가 아닐까 싶다. 물론, 자주파만은 아니다. 이 책에서 분석했듯이 평등파에게도 자본주의를 넘어서는 지평에 눈부시게 빛나는 별이 있었다.

하지만 정직할 때다. 이제 우리에게 그 별은 없다. 진보의 위기는 어쩌면 별이 없는 시대에서 비롯한 것일지도 모른다. 실제로 진보 내부에서 위기를 진단하는 분석들이 나온 지도 오래됐다. 소련-동유럽 사회주의 체제의 붕괴 이후 등장하기 시작했다.

그래서일까. 더러는 진보에 대한 정의부터 분명히 하자고 주장한다. 이 책은 진보를 구체적인 사람으로, '4월에서 8월까지'라고 규정했지만 그렇다고 아무런 내용이 없는 것은 아니다. 다만, 추상적으로 진보를 정의하지 않았을 뿐, 현 단계에서 진보를 '신자유주의 체제와 분단체제를 넘어서는 운동'으로 전제하고 있다. 그 최소강령으로 단결해 신자유주의와 분단체제를 넘어선 사회를 현실로 구현하고 그 이후는 다음 세대가 소통을 통해 풀어가도록 열어두어야 옳다. 각자 최대강령을 부르대어 분열하고 반목함으로써 결국은 신자유주의와 분단체제가 더 고착되는 세상을 사랑하는 아들, 딸에게 남기고 4월에서 8월까지 차례차례 무덤으로 들어간다면 얼마나 가위눌릴 악몽인가.

진보에 대한 정의뿐만이 아니라 진보의 성찰에 대해서도 최대한 구체적으로 쓰고자 노력했다. 실사구시의 철학을 나부터 실천해야 옳다고 판단했기 때문이다. 진보 진영 내부에서 흔히 논의되는 성찰들, 이를테면 진보정치 세력이 "밥을 먹여준다는 대안을 제시하며 매력 있는 진보로 거듭나야 한다"라든가 "정치를 하면서도 권력과 이해관계에서 초연한 척하는 정치적 무능을 극복해야 한다." 또는 "사회적 쟁점과 이슈에만 집중할 뿐 빈곤극복 문제에는 소홀하거나 무능했다"라거나 "이념으로는 좌파지만 생활은 우파"라는 등등의 이야기는 이제 그만했으면 한다. 진보적 지식인들의 그런 말이 전혀 무용하다는 뜻이 아니라 앞으로 한 단계 더 나아가자는 뜻이다.

톺아보면 4월에서 8월까지 우리는 모두 미완의 길을 걸어왔다. '미완의 혁명'이란 말은 이미 4월혁명 세대 자신이 쓴 개념이다. 5월항쟁도, 6월항쟁도, 7~8월 노동자대투쟁도, 8월 연세대항쟁도 모두 미완이었다.

이 땅에서 아직 진보정치 세력이 집권하지 못했기에, 아직 민족통일이 이뤄지지 못했기에 연면한 투쟁 또한 미완으로 남아 있다. 여기서 미완의 세대로 살아온 각각의 진보세대에게 머리말에서 던진 물음을 다시 건네고 싶다. 젊은 날의 그 정의롭고 깨끗한 꿈, 무덤까지 가져갈 셈인가를.

정녕 그렇지 않다면 간곡히 호소한다, 4월에서 8월까지 누구보다 억척스럽게 살아온 모든 진보가 뜻을 모으길.

큰 혁신의 원칙으로 '실사구시 학습, 대안사회 토론, 국민과의 소통'을 제안한 이유도 미완의 뜻을 모으자는 데 있다. 실사구시의 성찰로 학습하고 토론하며 소통하는 큰 혁신의 과정에서 진보는 내면에 켜켜이 쌓인 문제들을 풀어가야 한다. 가령 경직된 사상, 변화하는 시대에 걸맞지 않은 폐쇄적 정파 조직, 정규직 중심의 노동조합, 덧셈보다 뺄셈에 몰두하는 일상의 문화들이 그것이다.

더러는 세월의 이끼 탓에 정의롭고 깨끗했던 꿈에 곰팡이가 피거나 아예 잊었을 수도 있다. 하지만 그렇다고 체념에 잠기거나 우울할 일은 결코 아니다. 정반대다. 정의롭고 깨끗한 꿈을 잊었기에 우울했던 나날에서 벗어나 체념의 곰팡이를 툴툴 털어내고 일상의 정치경제생활부터 마음을 다잡아야 옳다. 세월은 우리를 기다려주지 않는다.

그렇다. 우리가 뜻을 모아야 할 까닭은 또렷하다. 이 책의 첫 문장에서 썼듯이 한국은 정의감이 넘치는 사회이지만 정의는 메마른 나라다. '정의감 넘치는 사회'와 '정의가 메마른 나라' 사이에 무엇이 있을까? 정치가 있다. 진보의 정치 세력화를, 대혁신을 통한 대통합을, "정치를 바꿔라"를, '정의롭고 깨끗한 꿈을 담아낼 큰 그릇'을 내내 강조한 이유이다.

우리가 큰 혁신을 이룰 때 별이 떠오르리라고 나는 확신한다.

골골샅샅에서 여울여울 타올랐던 촛불이 그랬듯이 한 사람 한 사람이 자기가 서 있는 자리에서 안팎의 어둠을 벅벅이 밝혀갈 때, 바로 그만큼 새로운 사회는 싸목싸목 현실로 나타날 터다. 불가능한 이야기가 아니다. 학습하고 토론하며 소통하는 과정에서 별처럼 빛나는 존재로 많은 사람들이 거듭날 수 있다.

언뜻 사라진 듯 보이지만 언제나 지천으로 저 창공 가득 총총 빛나고 있는 별들처럼 스스로 어둠을 밝히는 주권자들이 국민의 절반을 넘는 날, 그날이 오면 결코 무덤에 묻히지 않을 터다, 진보의 정의롭고 깨끗한 꿈은, 우리의 소원은.